仕事に使える！

The Complete Encyclopedia
of how to draw a
STICKMAN

# 棒人間図解大全

MICANO

自由国民社

# 目次

# 1
# 章

# 準備

心の準備
道具の準備
体の準備

## よろめく棒人間たち大歓迎！

# 準備

## 心の準備

丸と棒でできた「棒人間」。
かんたんに描けそうだけど、
やってみると意外と難しい…

それって、ちょっとのコツを知らないだけです。
基本のことこそ、知れば目からウロコ！

本書ではビジネスにも役立つ
「棒人間の描き方」を
ゆるくまじめに解説します！

# 棒人間を描くのに必要なもの

A4 サイズ 500 枚入り
安価で描きやすい

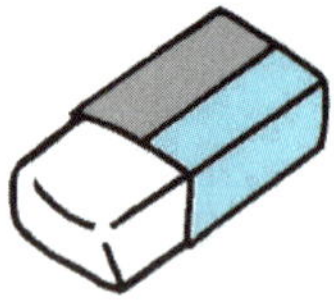

機能優先の
消しゴム

シャープペンシル
2B の芯
(低い筆圧で描ける)

準備

道具の準備

# 描きやすいペンと紙ならば どんなものでも構いません

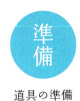

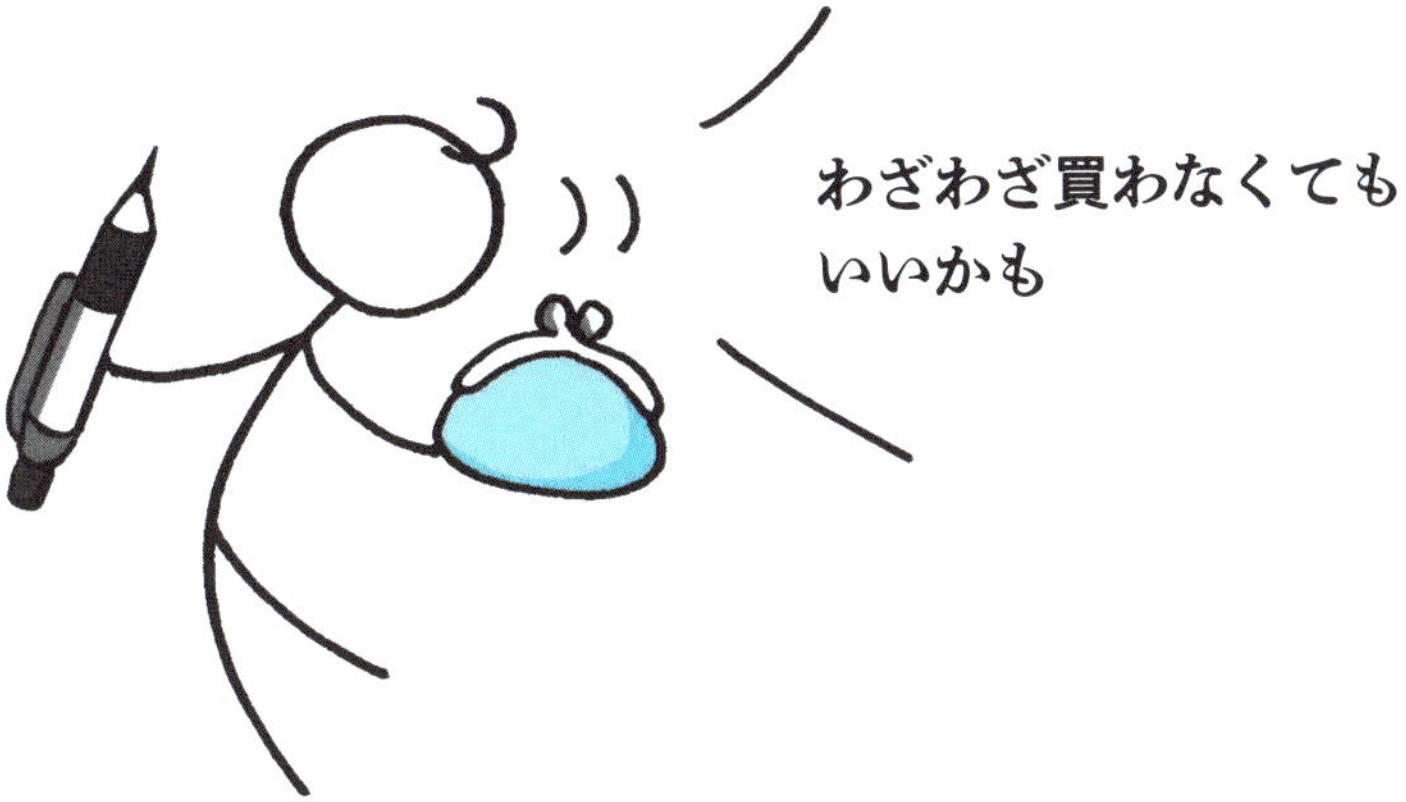
わざわざ買わなくても
いいかも

あなたに描けないという
魔法をかけたのは
いったい誰？

# 準備

心の準備

その呪いから
解放されても
いいんじゃない?

# 解放への道

1日一人描くだけでも

1年後には描く筋肉がついています

さあ　始めよう！

### 何のために線を引くの？

## 線は基本だから。

1、白い紙を用意してください

2、線を引く練習をしましょう

まっすぐ書こうと思っているのにヨタヨタな線とか
長く引こうとしているのに、同じ筆圧で書けないとか

まずは線を
コントロール
できるように

準備

体の準備

お願いがあります

# ペンを持って
# 読んでください

描きたい気持ちになった瞬間が一番うまくなれる時です。

## 2種類の線を引こう

### 優しくエレガントな線

ペンを落としそうなくらい
ゆるく握り、力を少しだけ
ペン先に集中させます。

たら〜ん

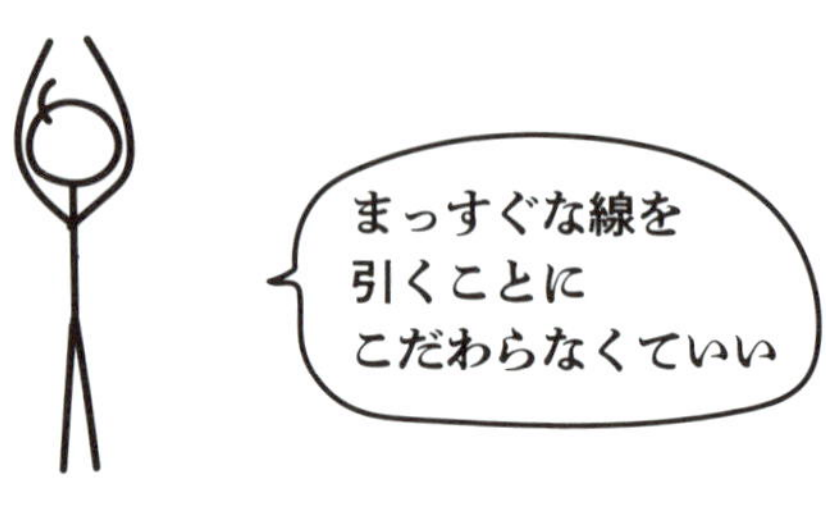
まっすぐな線を
引くことに
こだわらなくていい

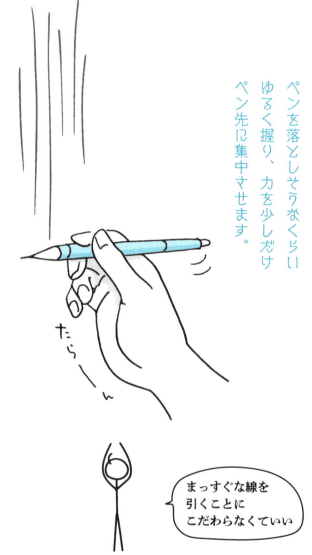

# 素朴で力強い線

手の中のペンが
まったくぶれることがないように
指先に力を込めて握ります。

ぎゅっ

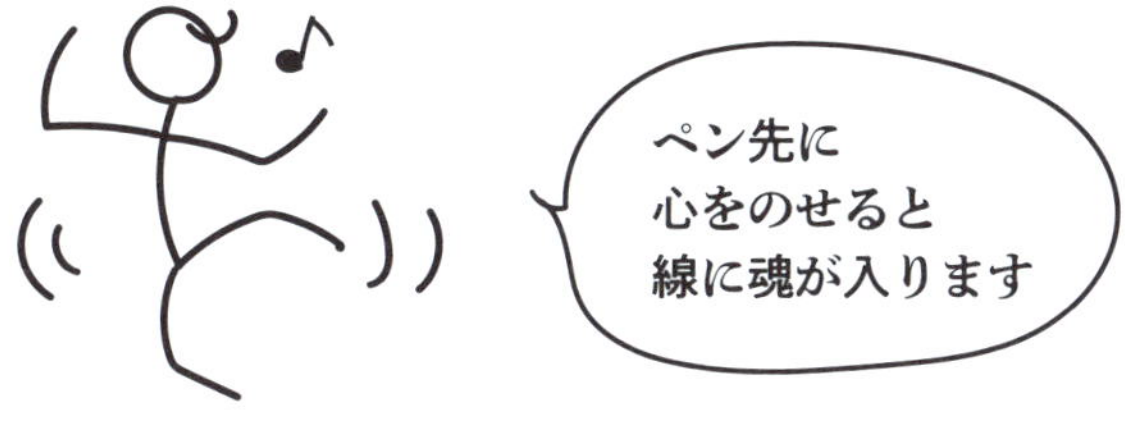
ペン先に
心をのせると
線に魂が入ります

# 風が吹き抜けるような線を引こう

紙いっぱいに線を引く
腕の付け根から動かすつもりくらいで

右から左へかるーく引く

左から右へかるーく引く

紙からはみだしてよい。
振りきる感覚をつかめればOK

# 力を抜いて線を引く

力が抜けない？
息を全部
吐いてみよう

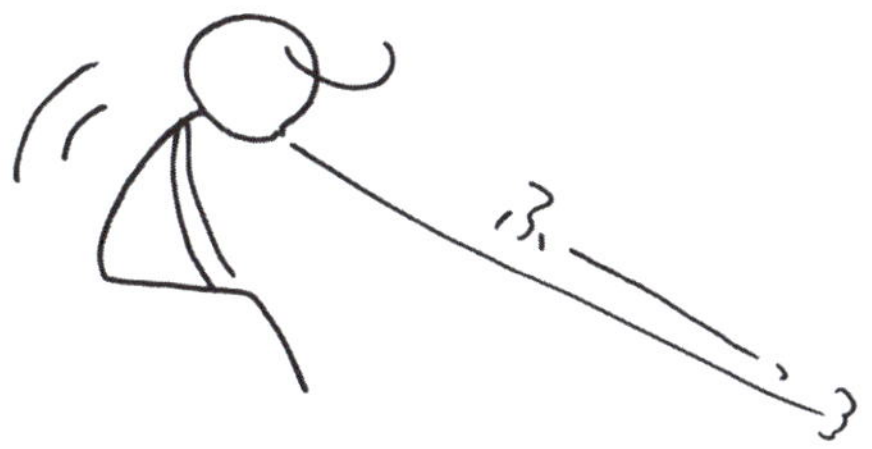

# 夏の太陽のような線を引こう

ぐぐーっ！と長く、またはずるずると引っ張るように

力強い線

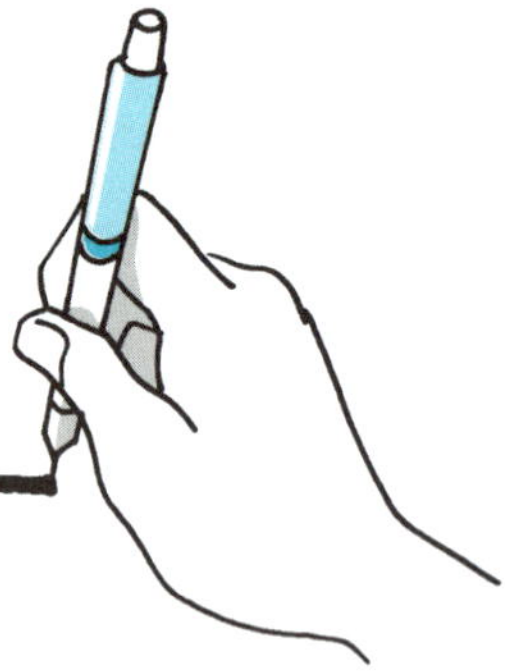

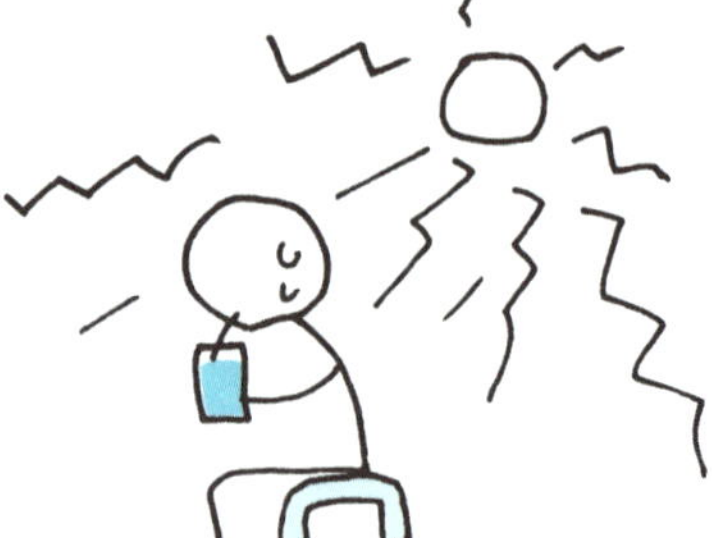

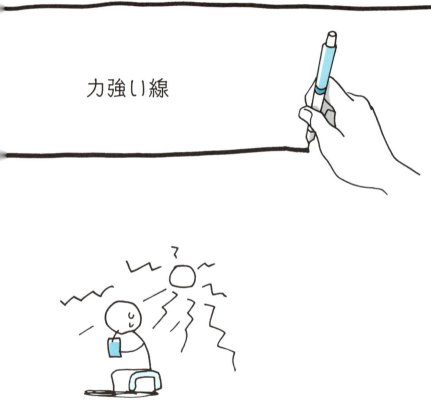

## 準備

体の準備

力を入れて引き下ろすように

じりじりと
灼けるような暑さ
まっすぐに届く
明るい光

紙の裏にあとがつくくらいに！

**想像したことを線に乗せる練習です**

# 白い紙の上で線と踊ろう

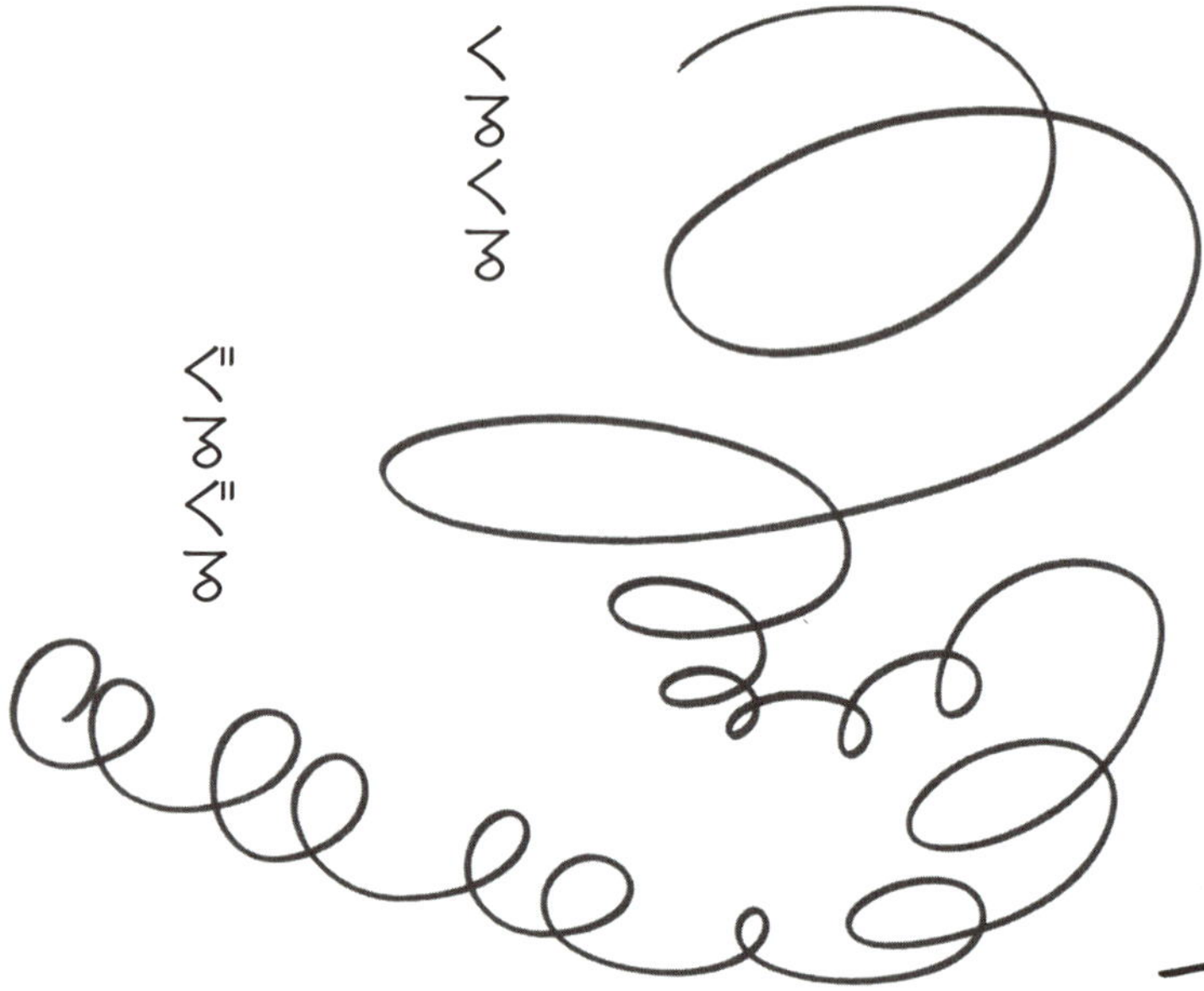


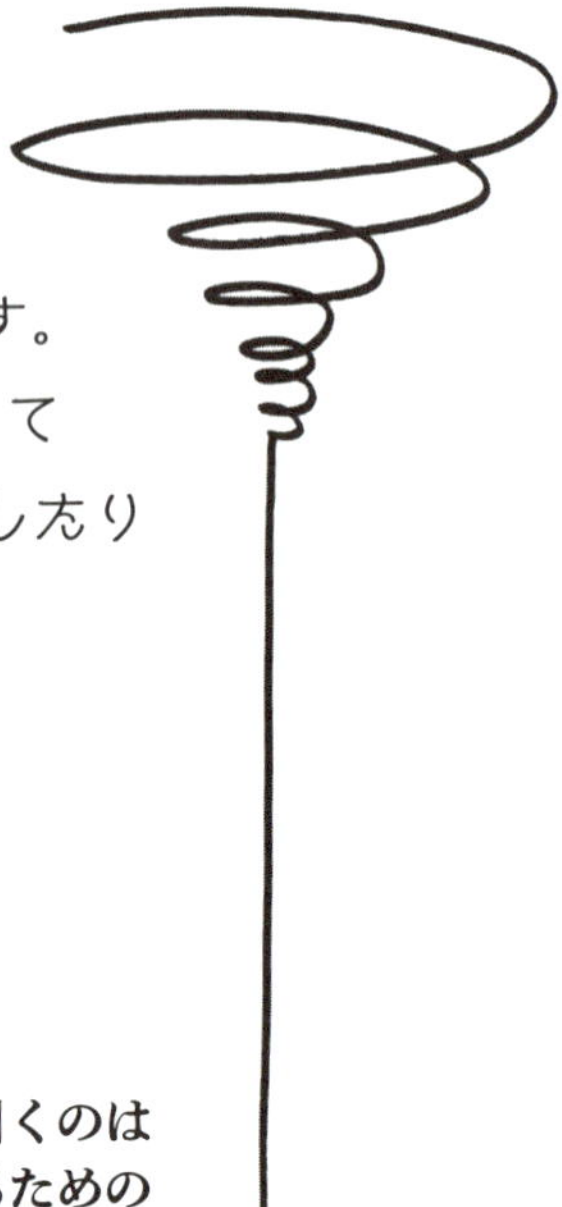

ペンをリードするのは自分です。
早く、ゆっくり、力強く、気取って
しなやかに、跳ねたり、ターンしたり
白い紙いっぱいに踊ること！

**感情をこめて線を引くのは**
**頭と手を連携させるための**
**エクササイズ**

# いろんな線があると気づきましたか？

うねうね

くねくね

ぎざぎざ

交差する

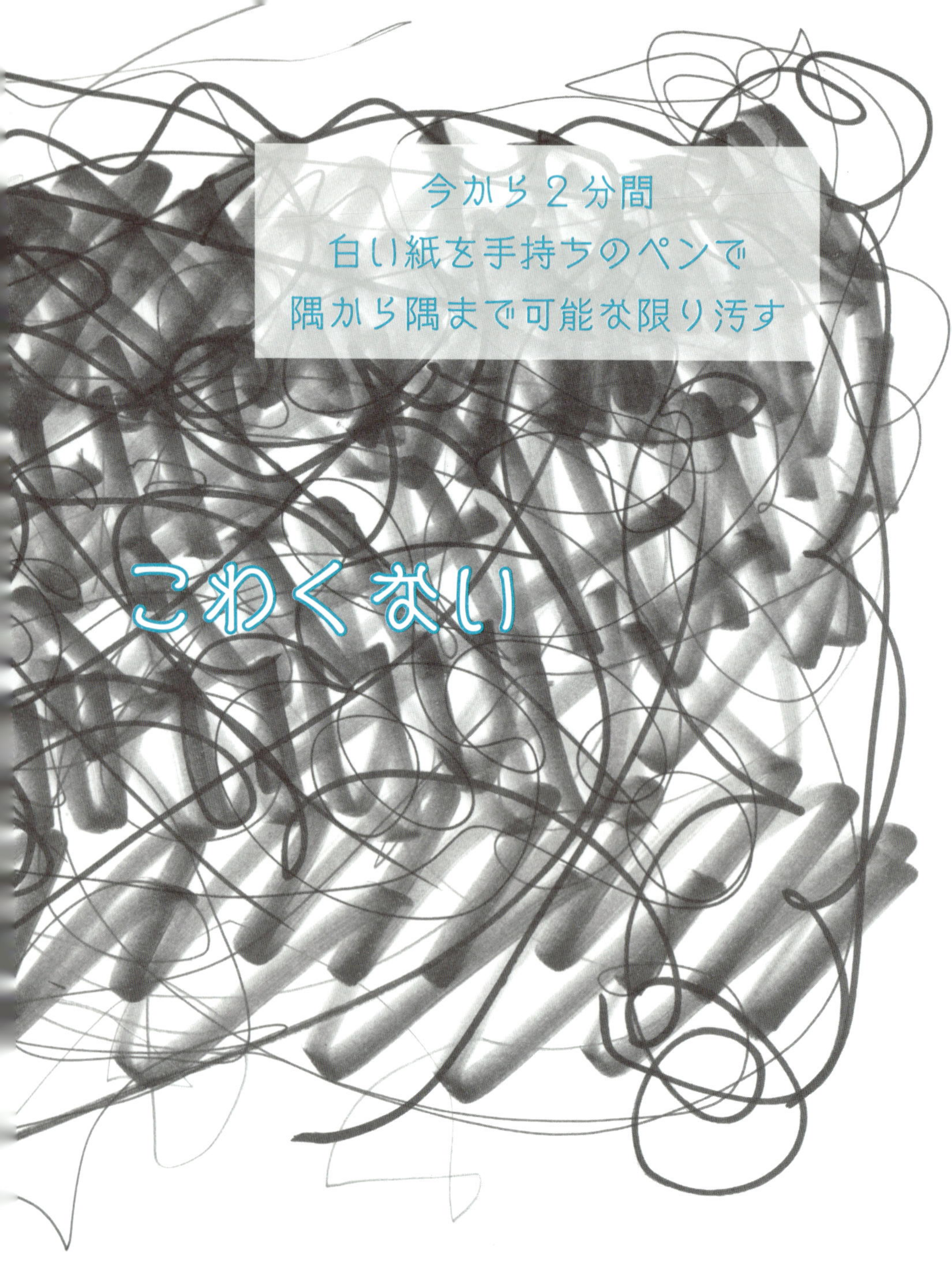

今から２分間
白い紙を手持ちのペンで
隅から隅まで可能な限り汚す

こわくない

白い紙は

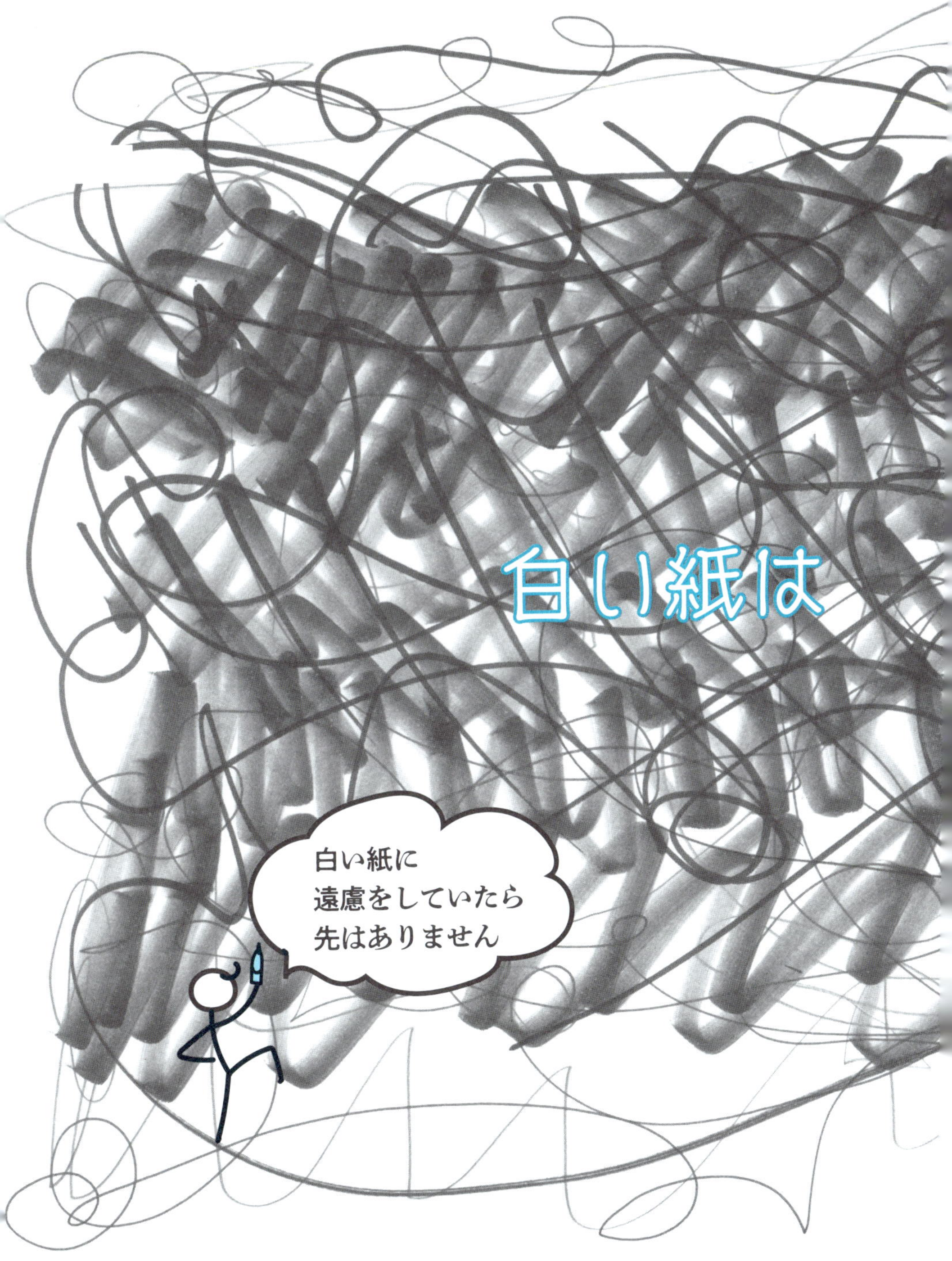

# 線から丸へ

## 肩から大きく腕を動かして円を描いてみよう

円の大きさに関わらず
書き始めた場所に
戻ってくる練習です

線がブレないようにと気負うより、すーっと気持ちよくペンを引っ張るようにしましょう

慣れてきたら
滑らかな線が引けるように
同じ力の入れ加減で
腕を動かします

動かしただけ確実に効果がでてきます

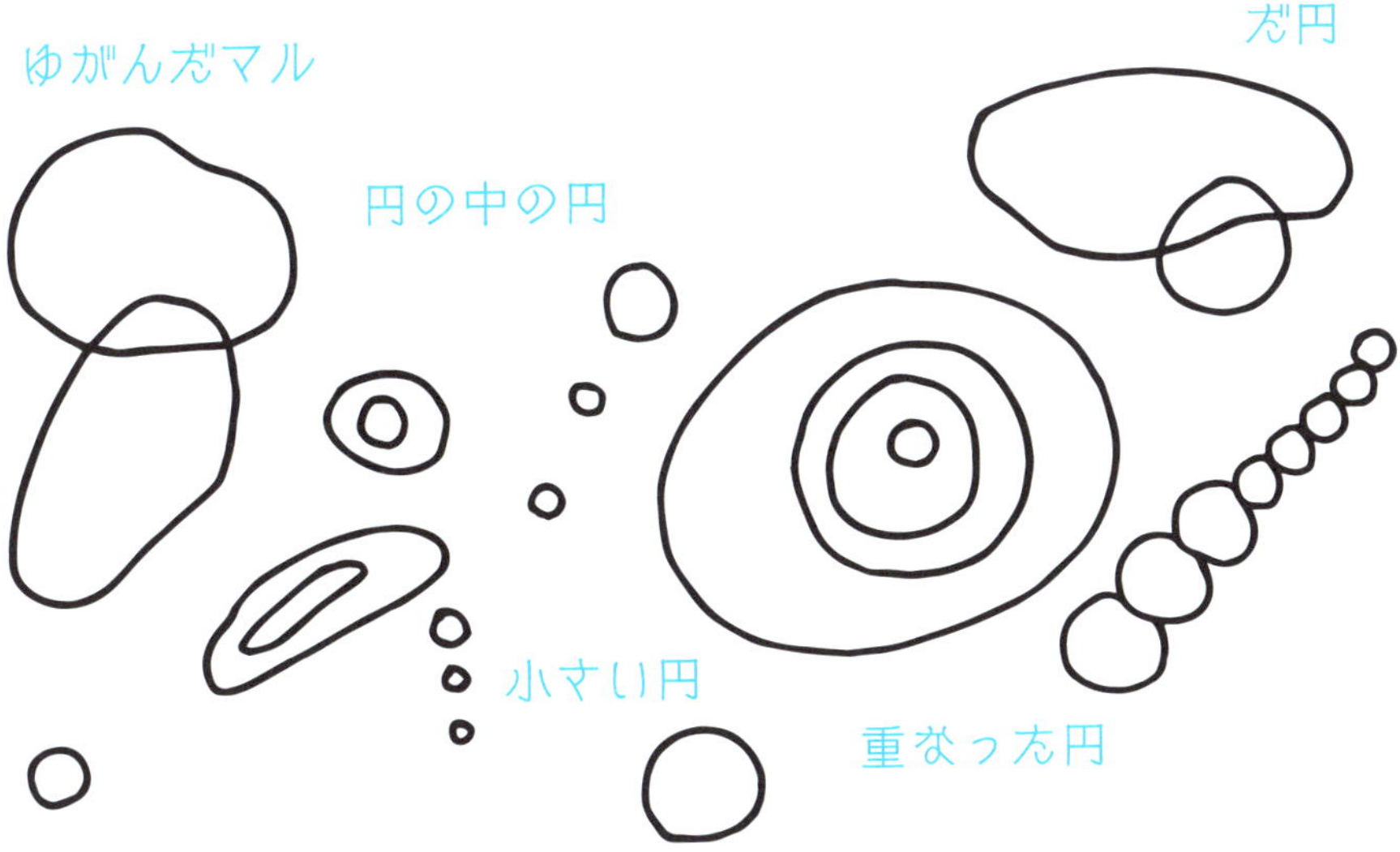
ゆがんだマル
だ円
円の中の円
小さい円
重なった円

線と同じようにいろんなマルがあります

# 2章

# 基本

頭部を描く
脊椎を意識する
手足をつける

# 早速棒人間を描いてみよう！

## 丁寧な頭部（マル）を描く

ちょん！
見て！
右回り、左回り
どちらもお好みで
ぐる

線と線を確実に結ぶ！

最初に置いた点を
なんとなく見ながら
円をぐるっと描き進め
到着寸前にスピードを
落として接着させる。
大きな円を描くときには
この方法で

基本

頭部を描く

雑なのはダメ。ゆっくり丁寧に描きましょう

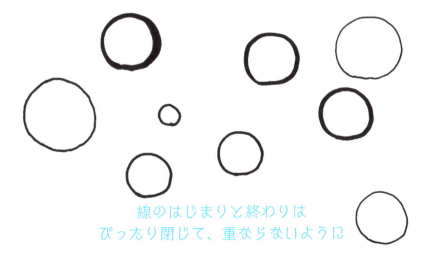

線が閉じていないマルが他人に与える印象は
良いものではありません

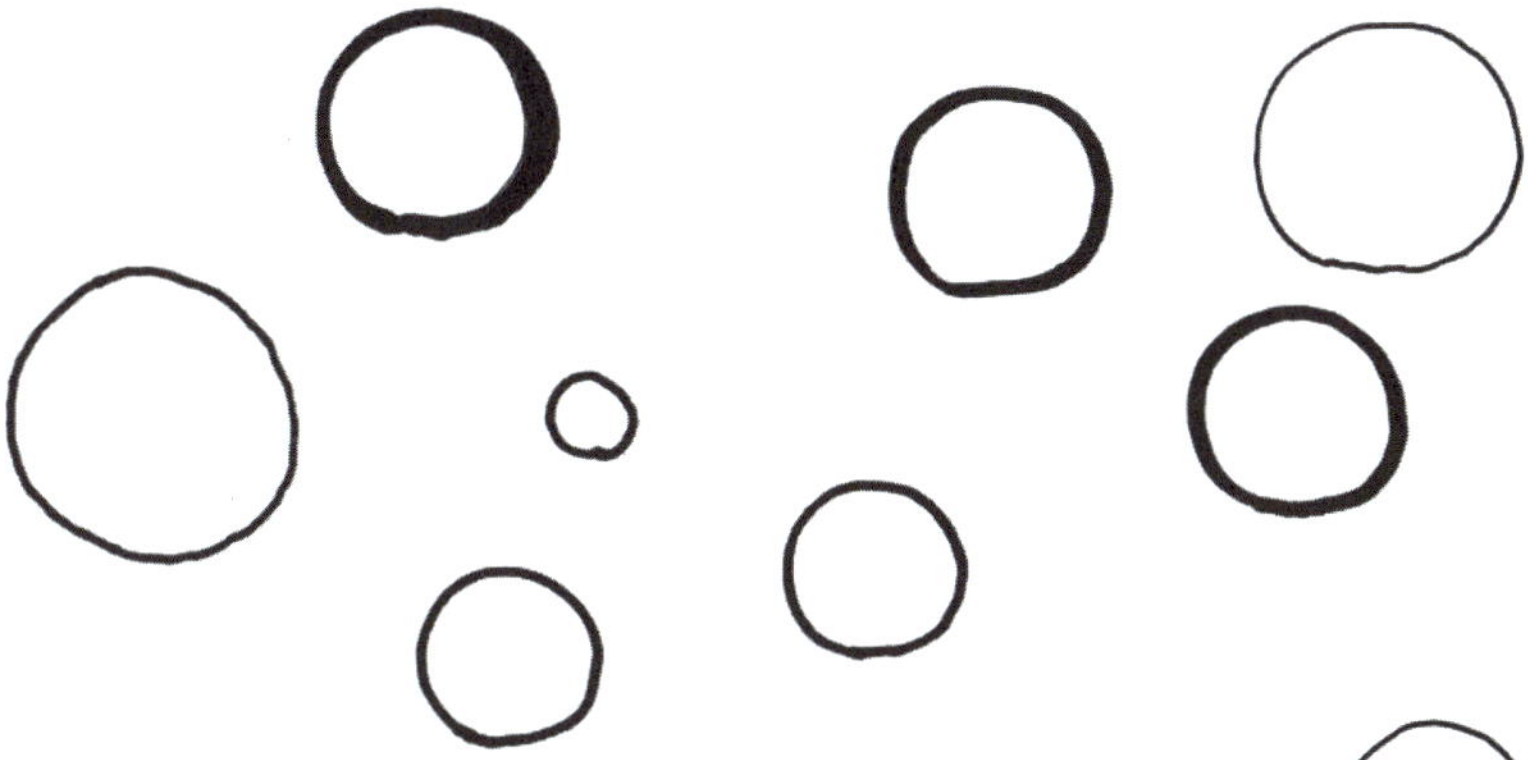

線のはじまりと終わりは
ぴったり閉じて、重ならないように

# 脊椎《せきつい》（背骨）を意識しよう

背骨は1本の線ではなくて
ひとつひとつのブロックでできている。
体を曲げたりのばしたりできる

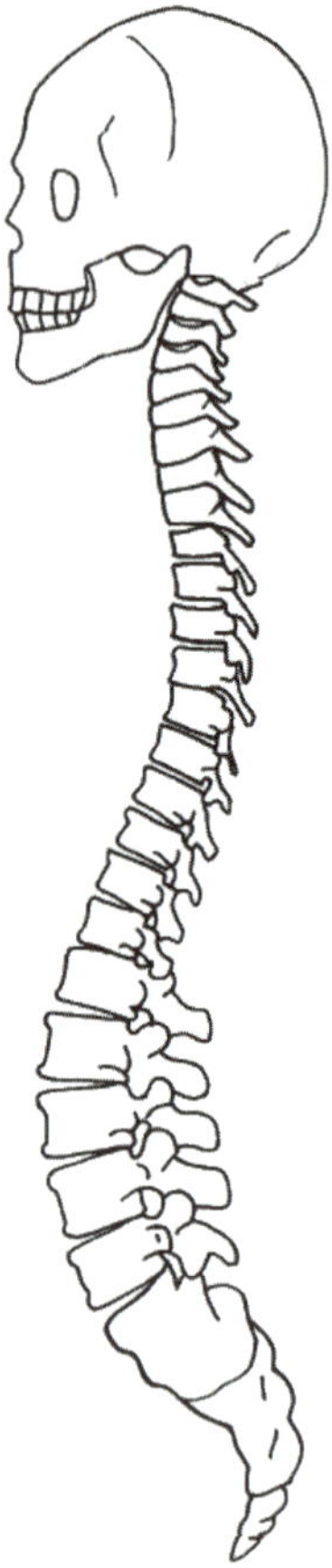

脊椎は背骨そのもの。発生直後はどの生き物もほとんど同じに見えます

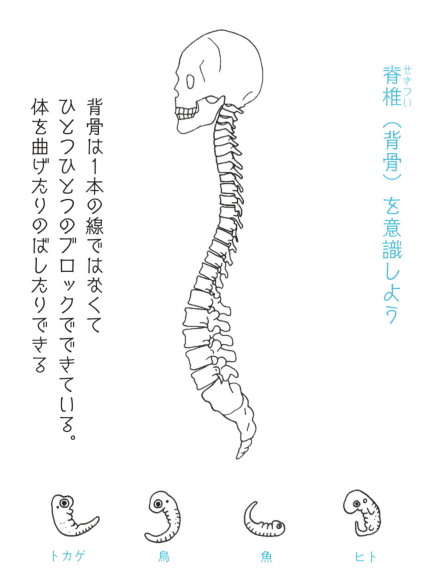

基本

脊椎を意識する

体は、頭と背骨を中心に作られています

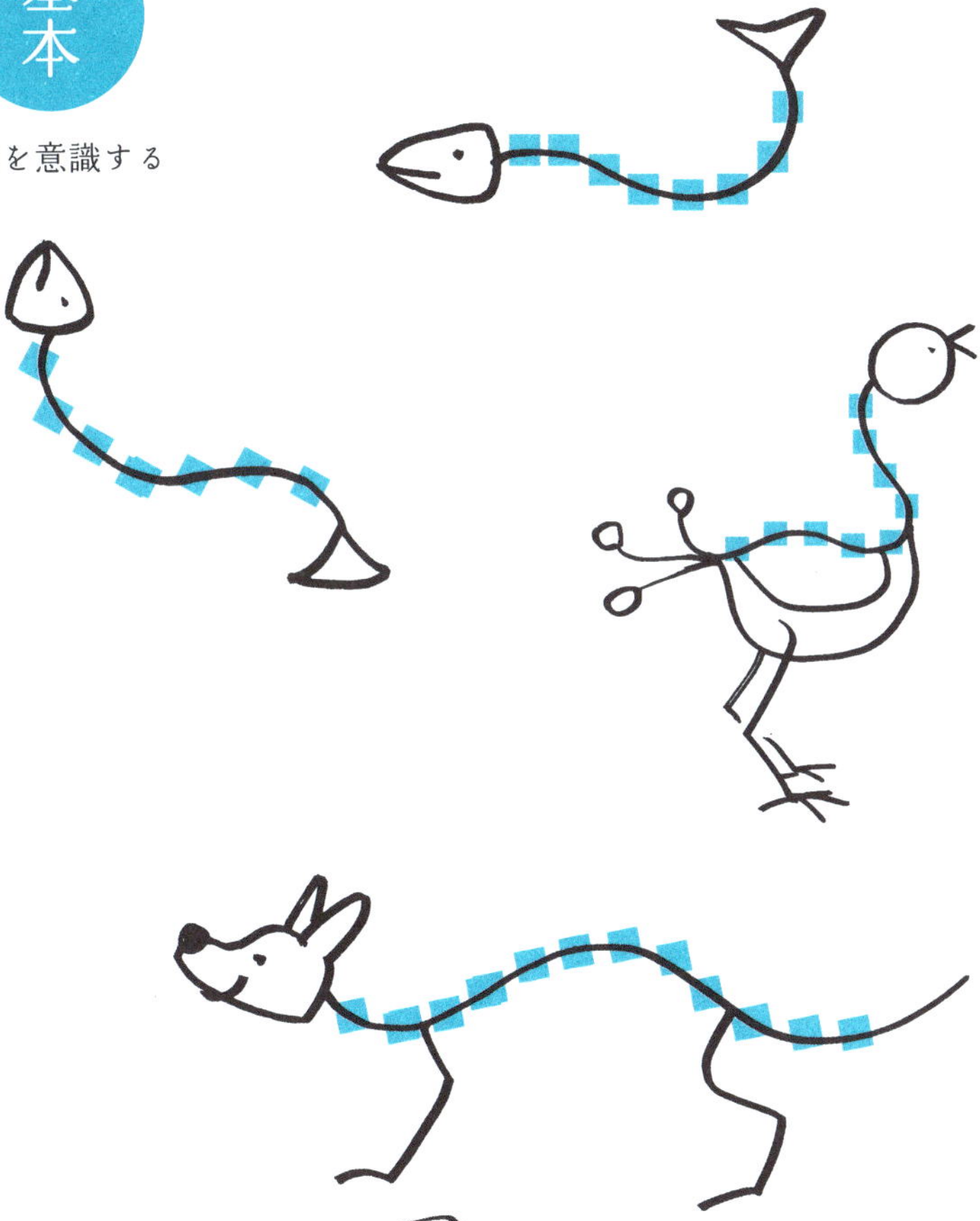

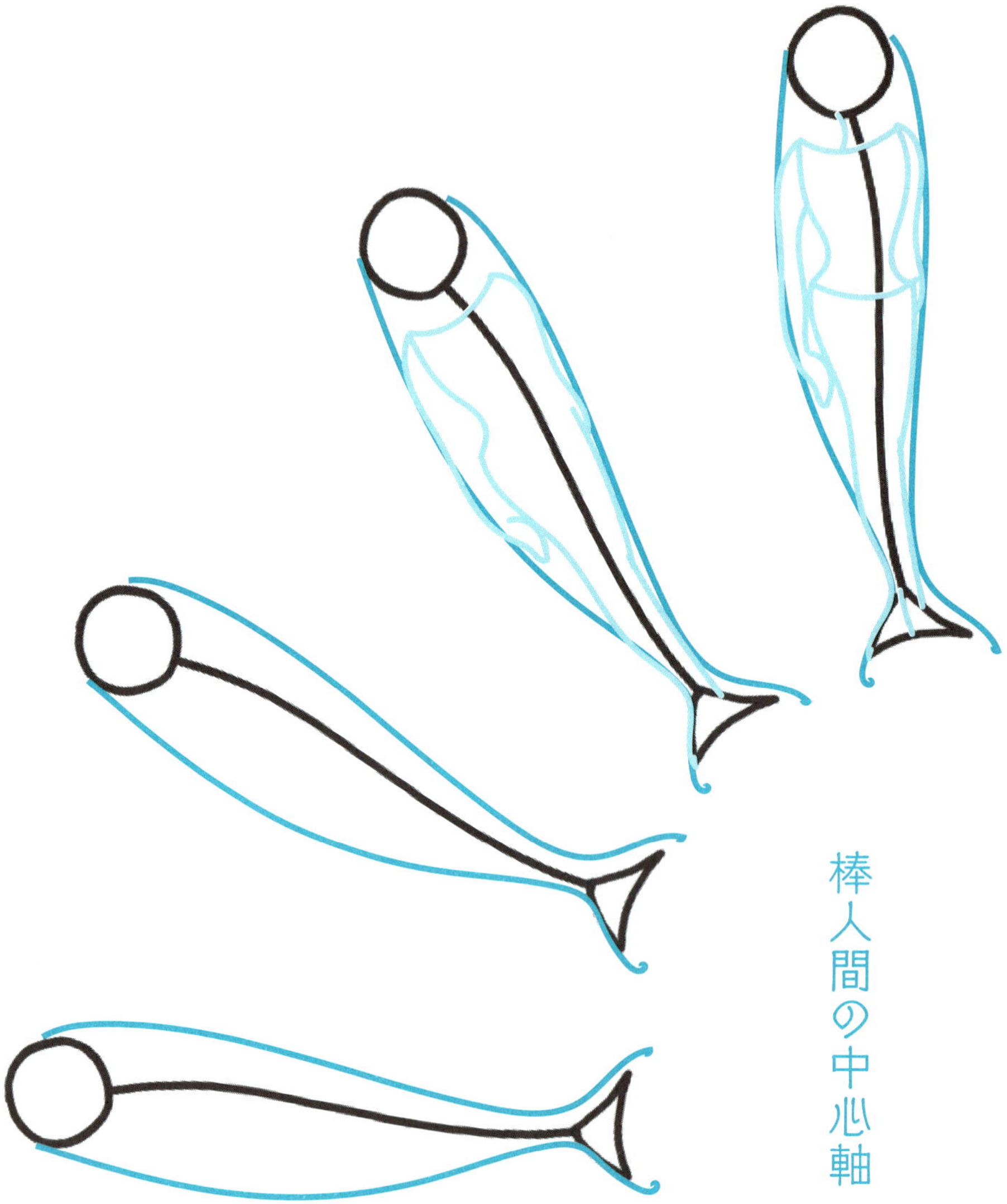

棒人間の中心軸

基本

脊椎を意識する

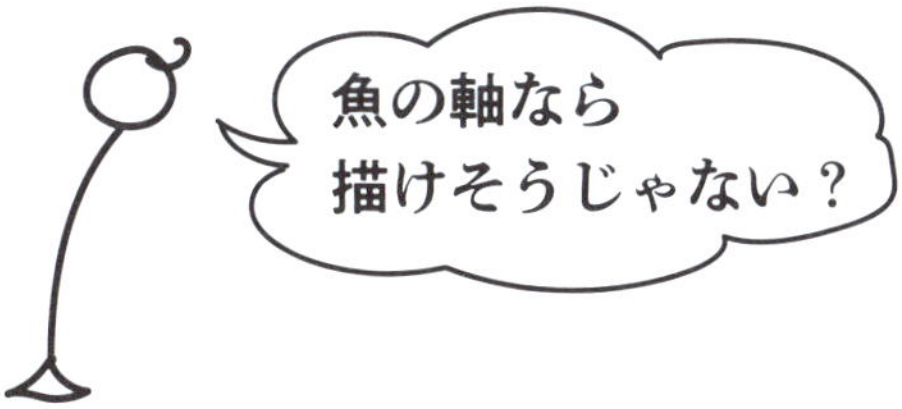


## 魚の中心軸は棒人間と同じ

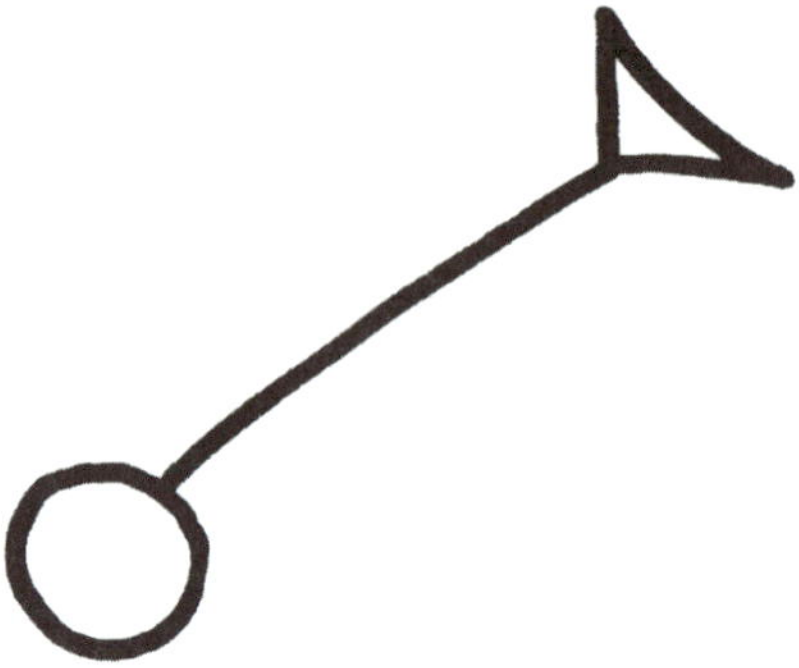

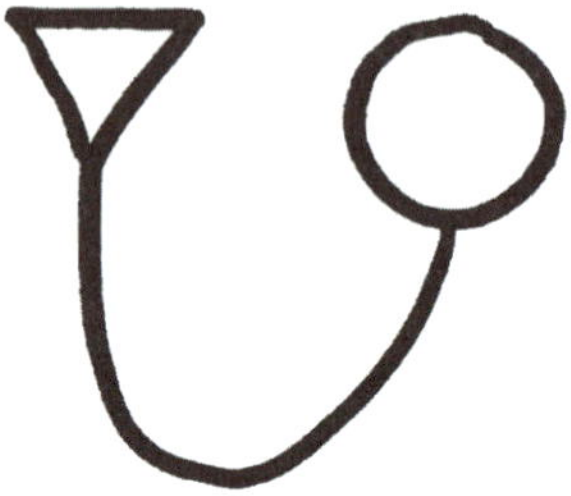

## 魚の軸を描こう！

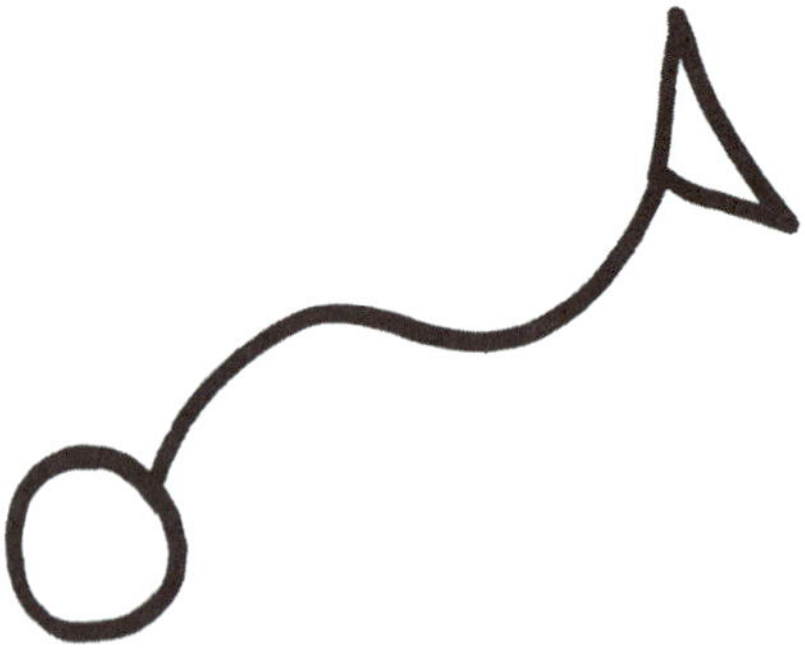

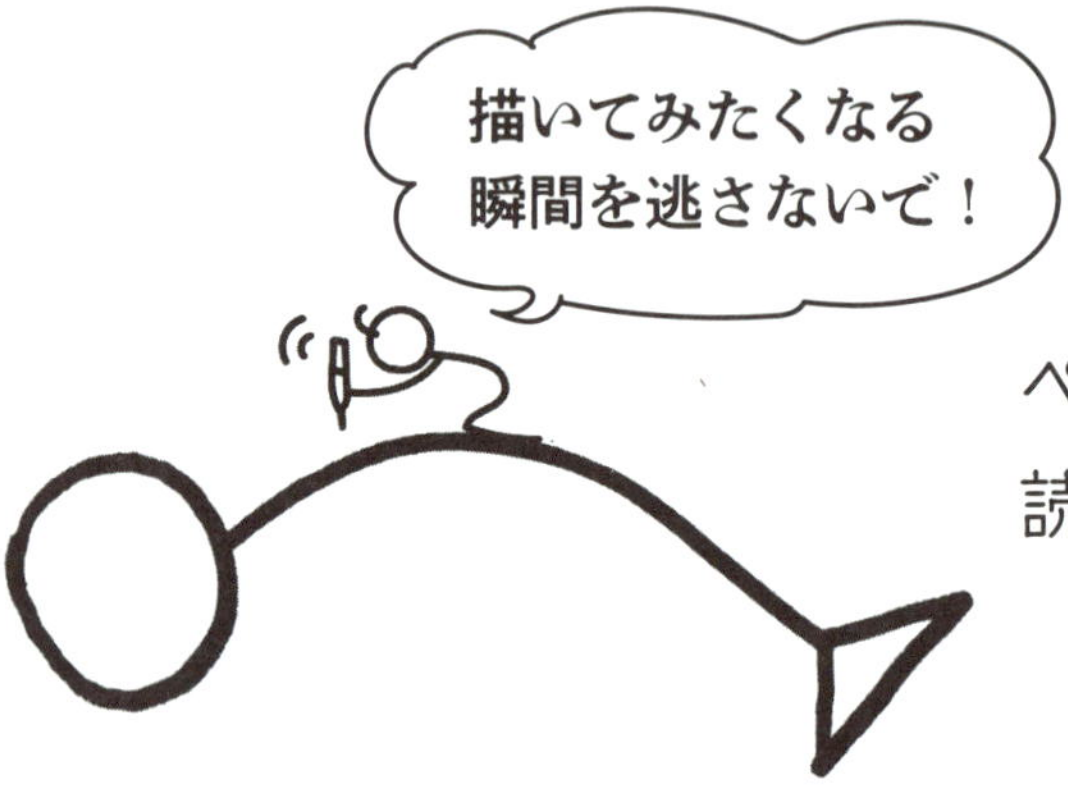


ペンを持ちながら
読んでください

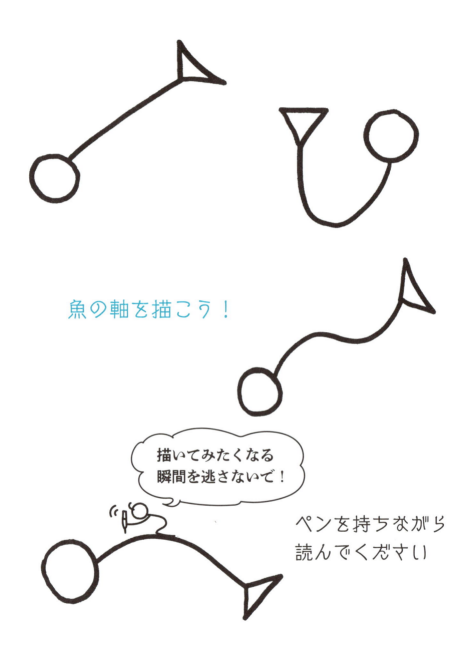

## 基本

脊椎を意識する

背骨はあらゆる方向に
曲がることをお忘れなく！

頭は丁寧に！

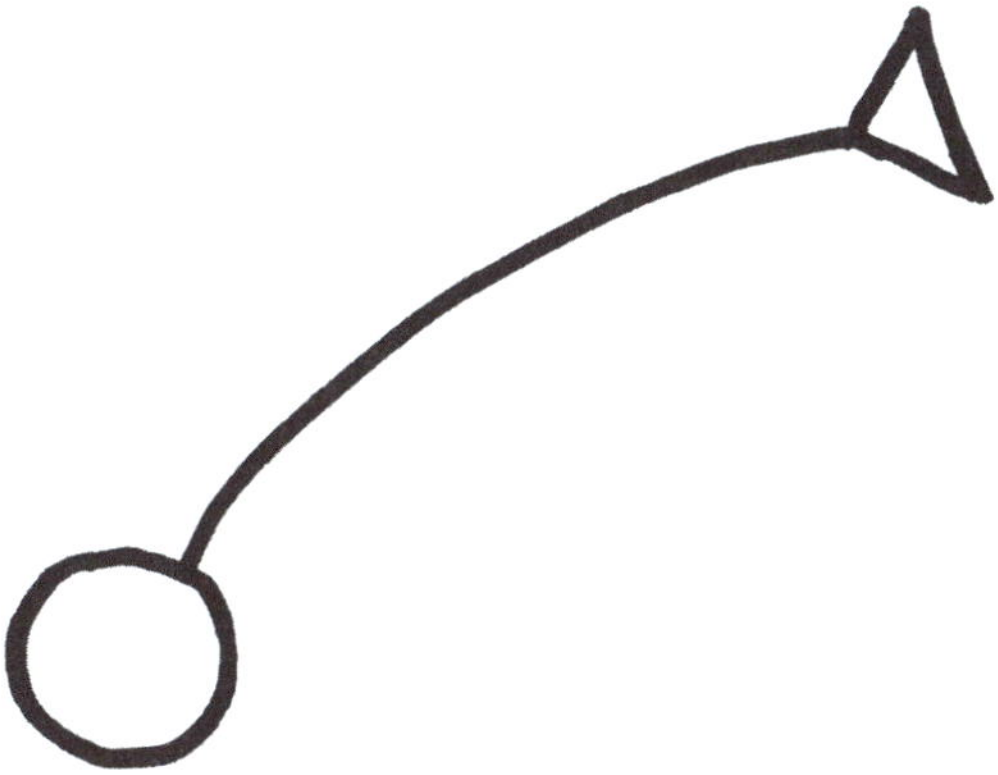

## 生きている魚の背骨はしなやかに動く

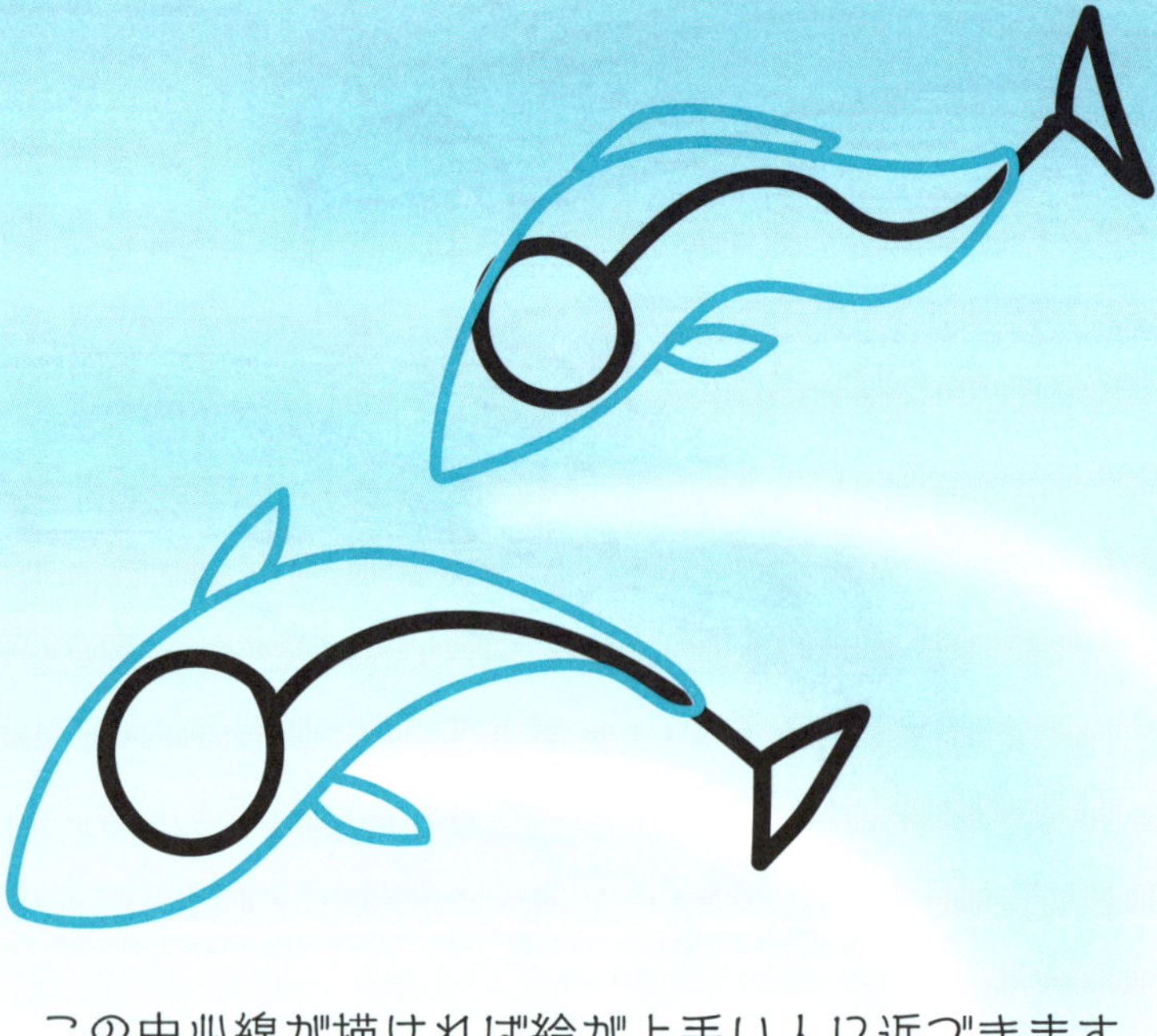

この中心線が描ければ絵が上手い人に近づきます

## 基本

脊椎を意識する

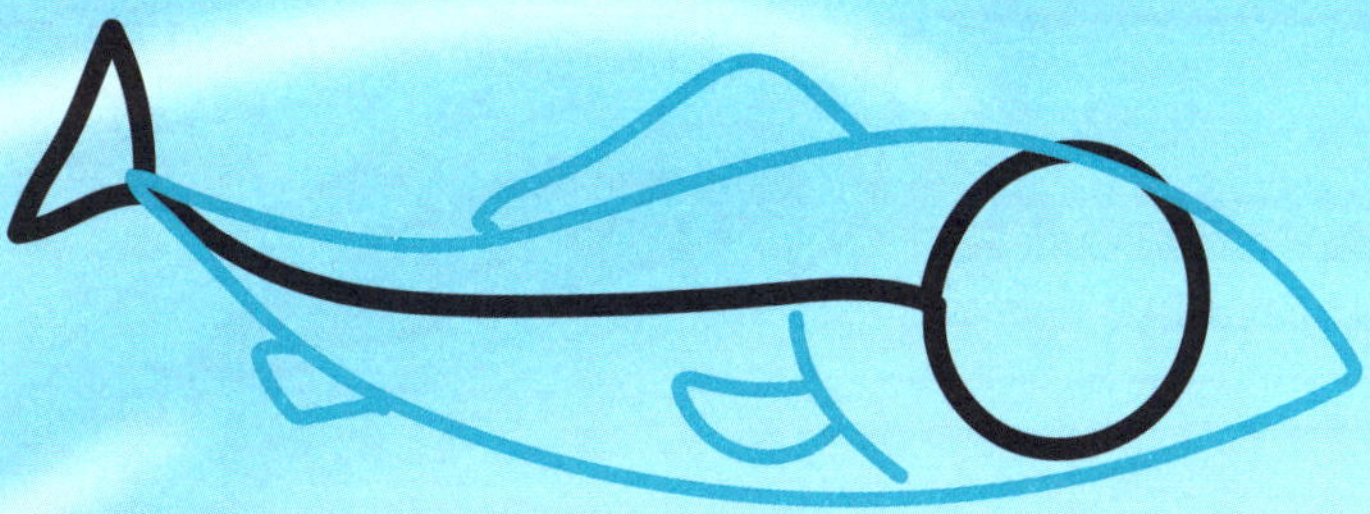

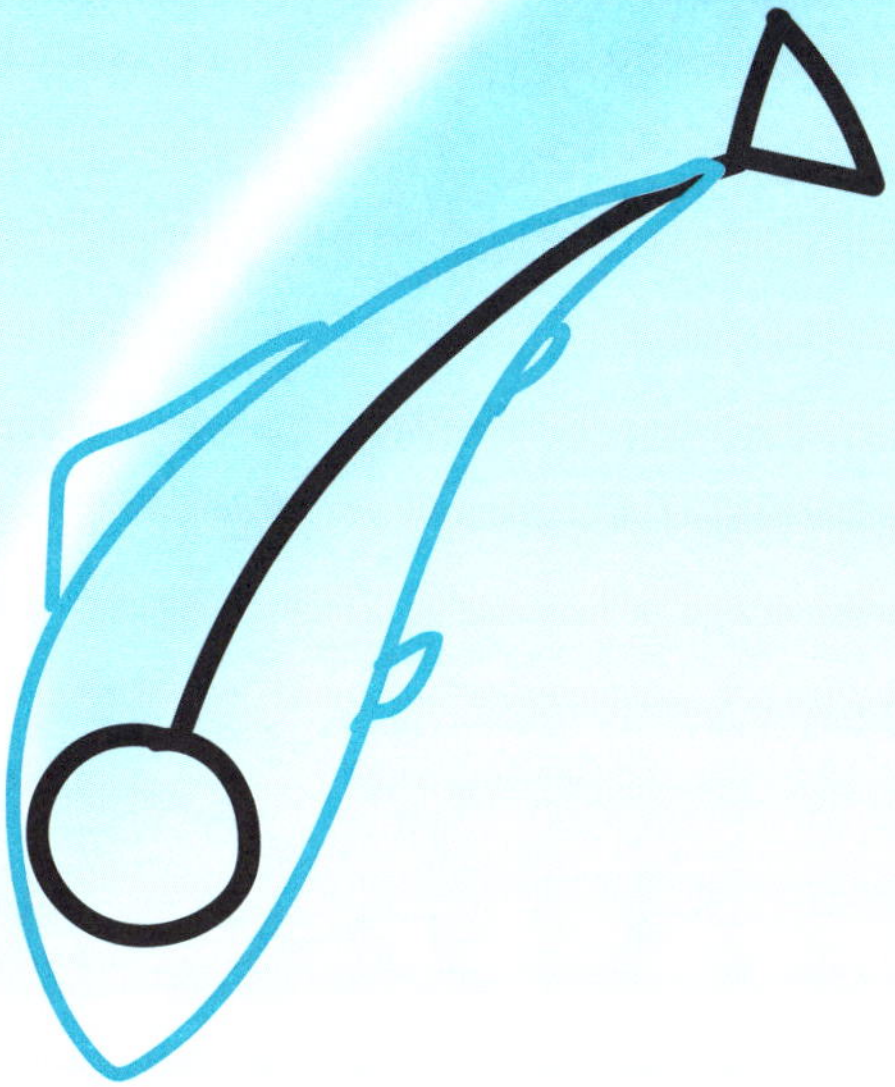

**魚屋で見る魚ではなく**
**生きている魚を！**
**生きている棒人間を！**

## 魚の軸に足をつける

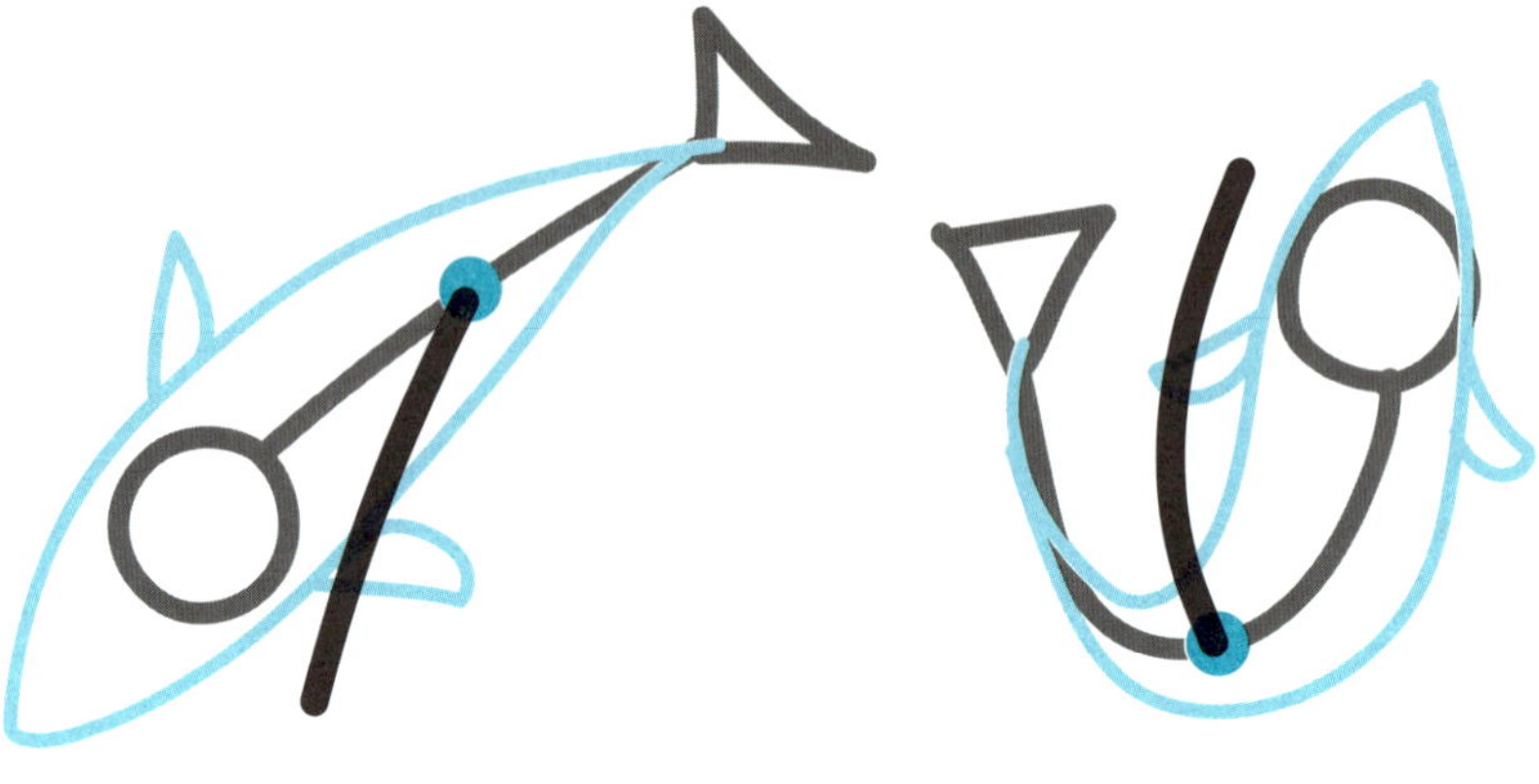

身長の長さおよそ半分の位置を
足の付け根とする。
足は360度、どこの方向にでも
つけることができる

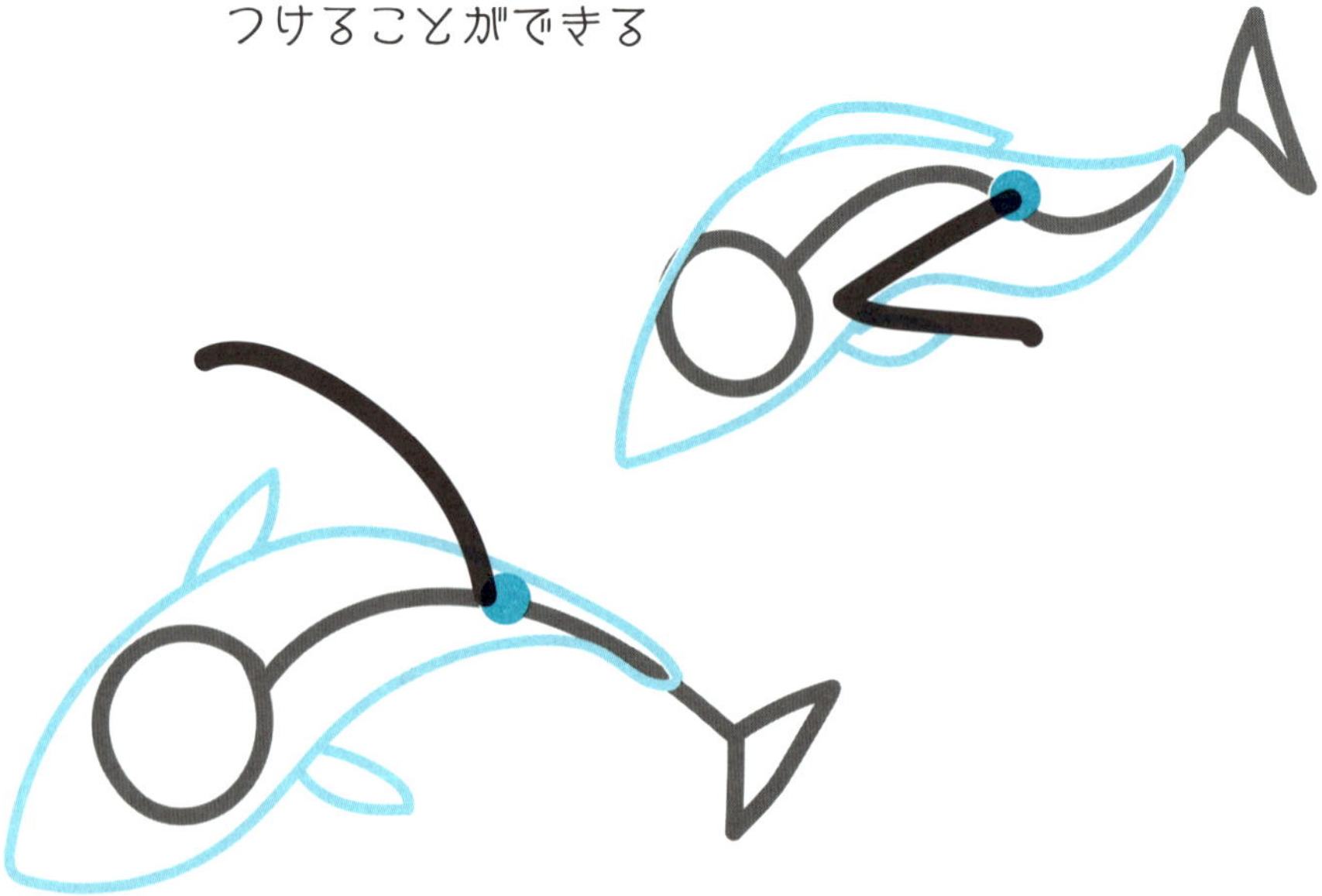

## 基本

手足をつける

曲線が体の中に
あることで
人魚は美しく見える

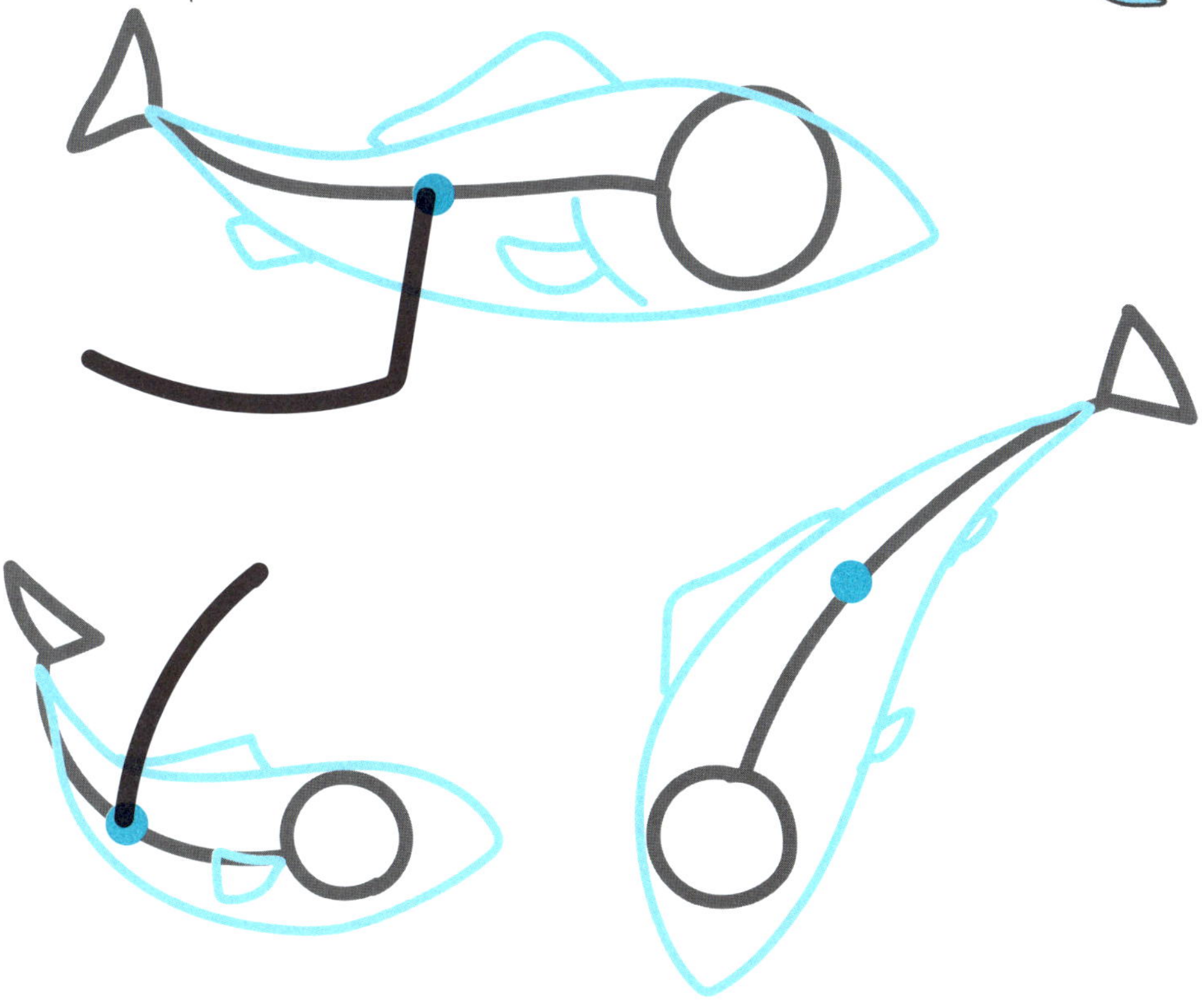

# 腕をつける前に…

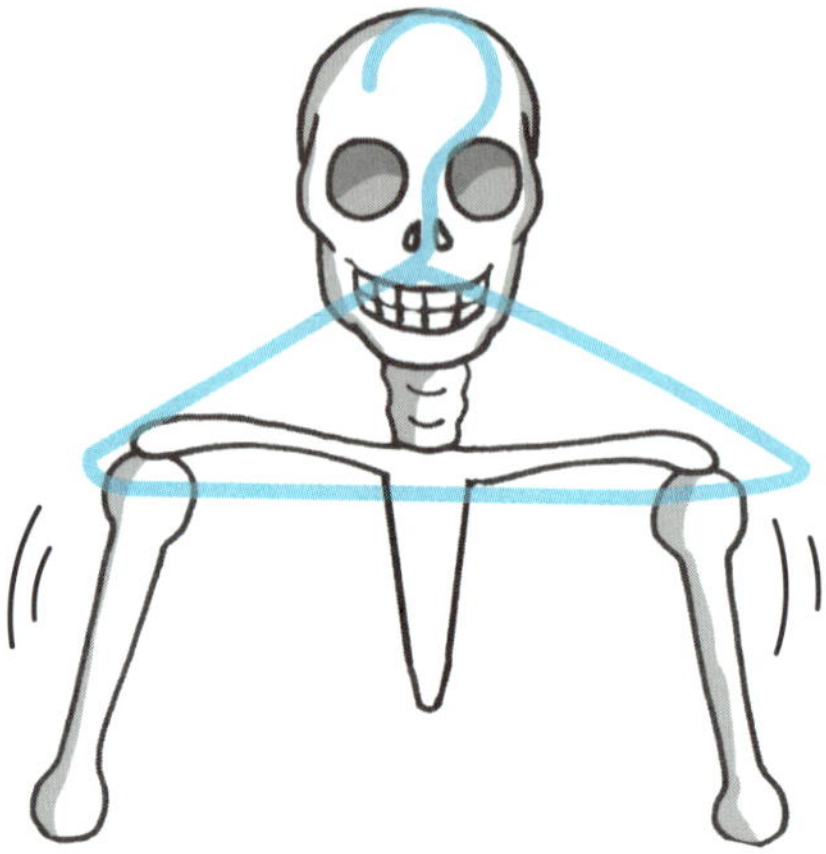

頭から腕の付け根にかけては
ハンガーのようなもの。
肩の先に腕がついています。
棒人間に肩はないですが
首の長さのバランスは
意識してください

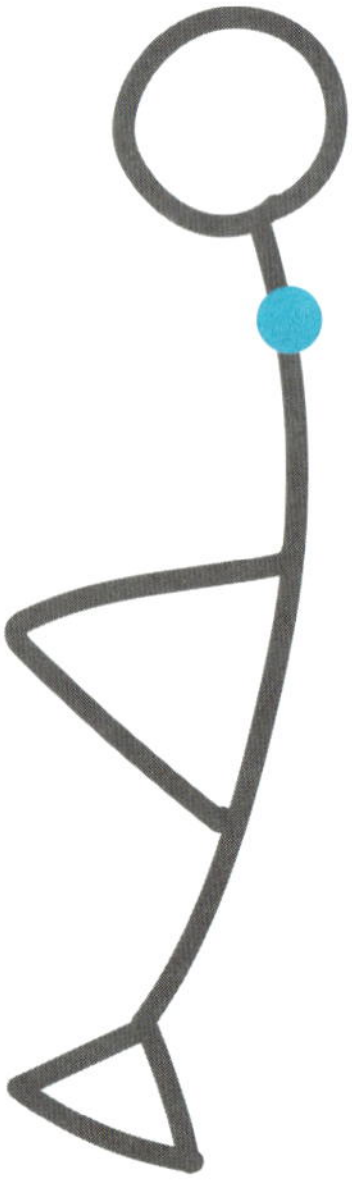

腕の位置は全体のバランスを見る必要があります

## 基本

手足をつける

首が長すぎたりしないように

頭のすぐ下に腕をつけないように

# 腕をつける

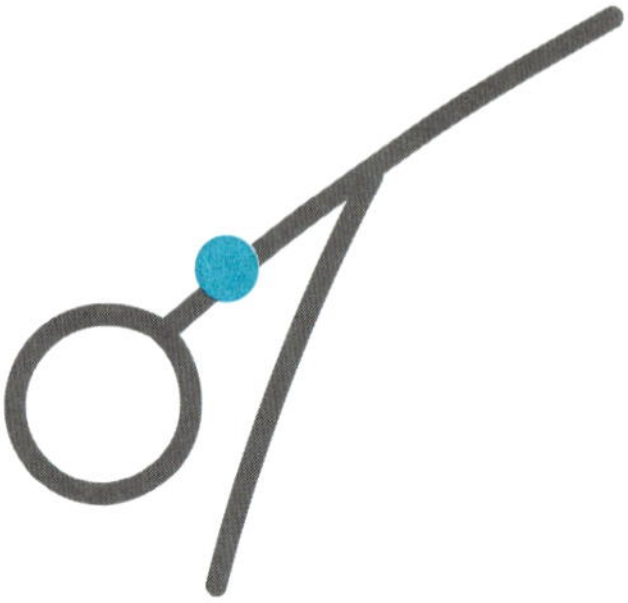

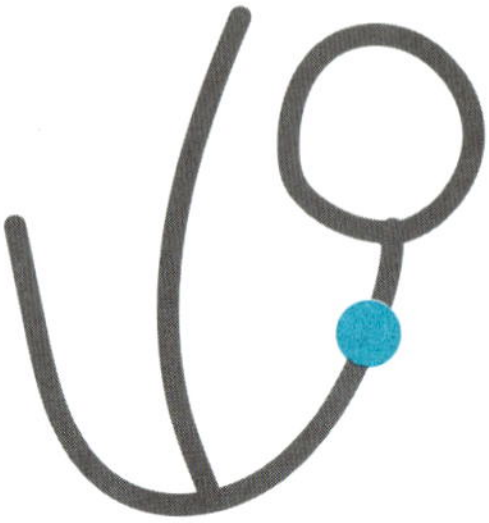

課題

青い●が腕のつく場所です。
ここに２本の腕をつけましょう。
曲線でも直線でもいいし
どんな角度でも構いません

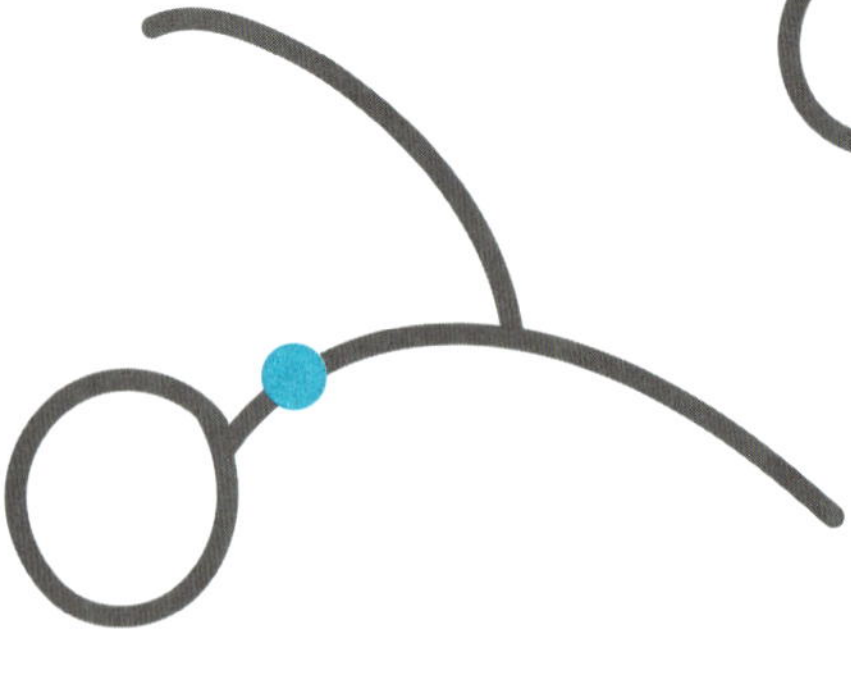

# 基本

## 手足をつける

人間の腕は針金ではありません。
だから曲線で表現するのはおかしいと思いますか？
もし棒人間の骨を描いているという意識なら手足は直線です。
しかし筋肉も表現するなら、曲線でなくてはなりません。
腕に力こぶを作ってみてください。
筋肉がパワーを持ったり炸裂させようとする瞬間、
そのシルエットは曲線です

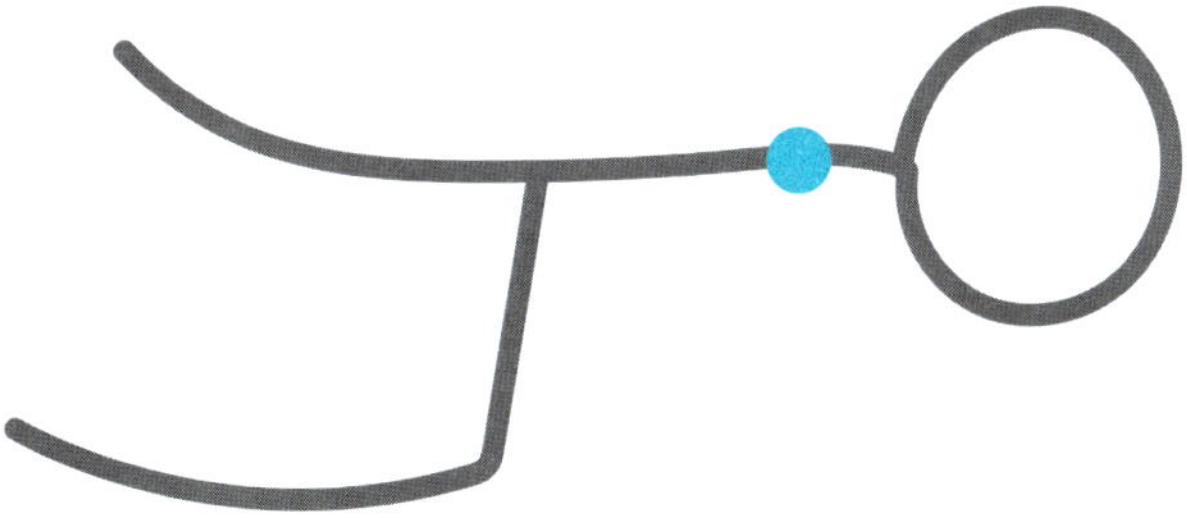

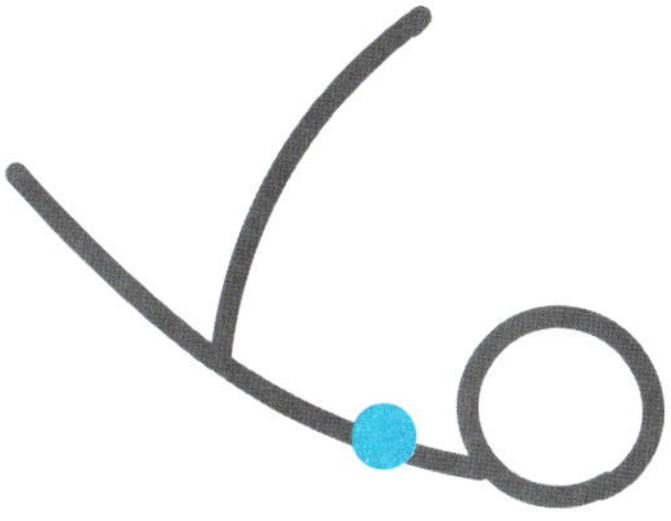

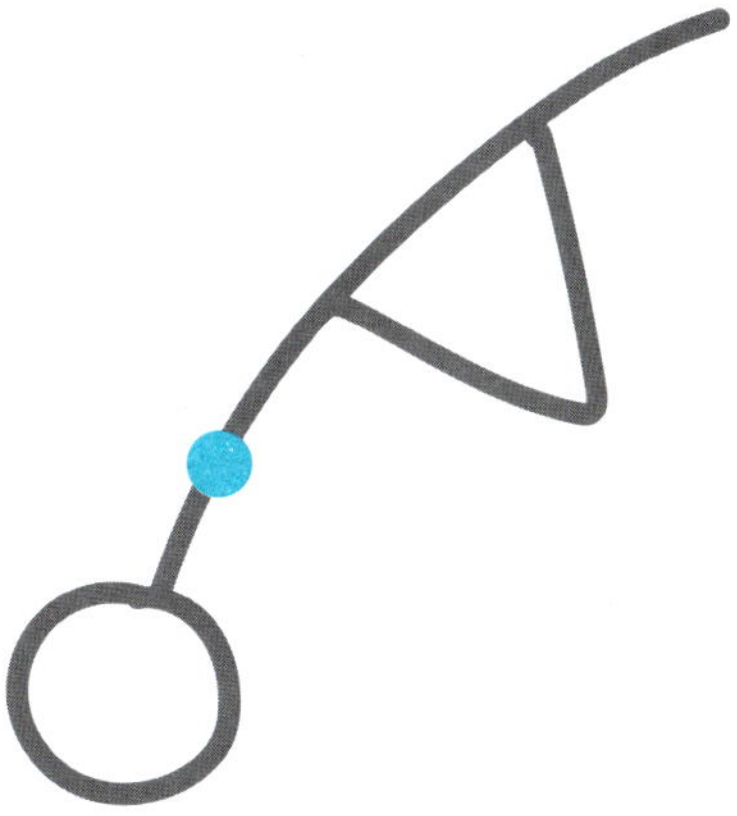

## なんとなくの描きづらさを解消する練習

### 頭部＋崩した漢字の「大」をたくさん描こう

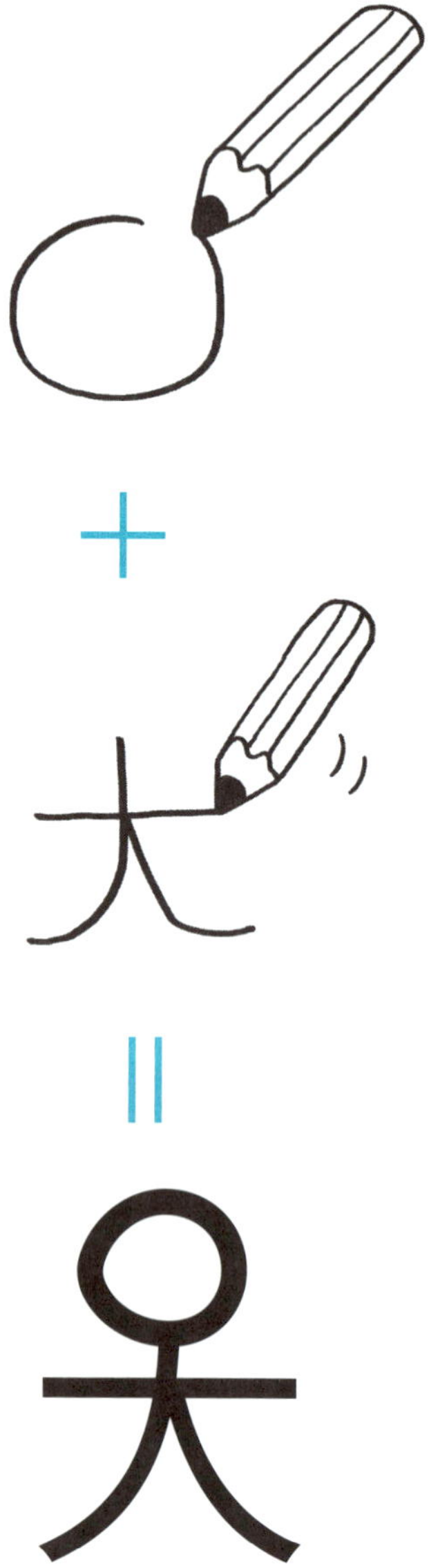

理屈はわかっても繰り返しの練習をしなければ思い通りの速い線を描けるようになりません。腕と指の「使える神経と筋肉」をつけましょう

# 基本

手足をつける

頭部がきちんとしていれば、ほかの部分は崩れた形でも、棒人間に見えます。むしろそれくらいの方が表現の幅が広がります

**「大」の字を**
**利用する理由は**
**首の長さの感覚を**
**つかむためです**

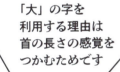

# 腕をつける・解答例と解説

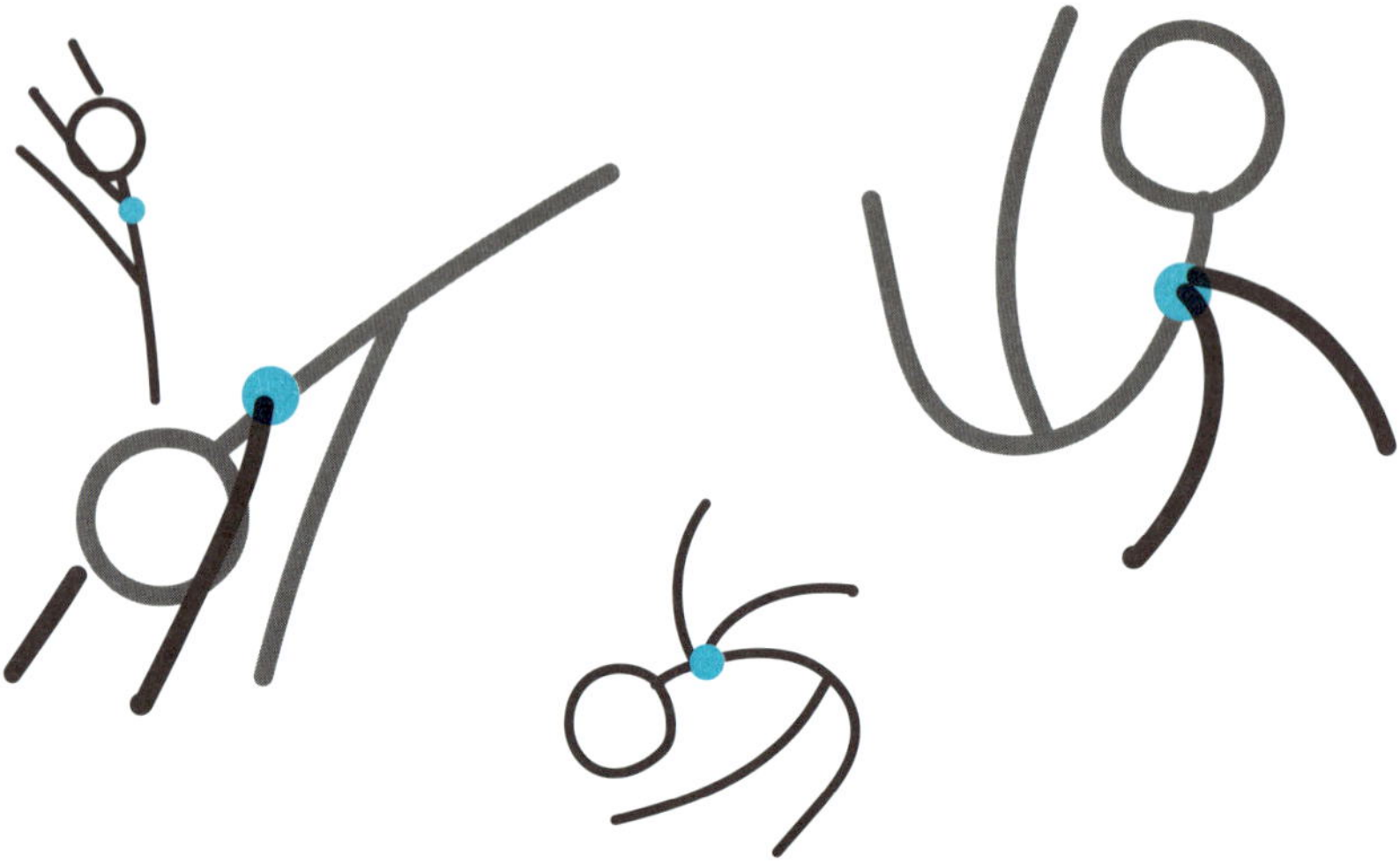

腕は360度の方向に
動くことを忘れずに描けましたか？

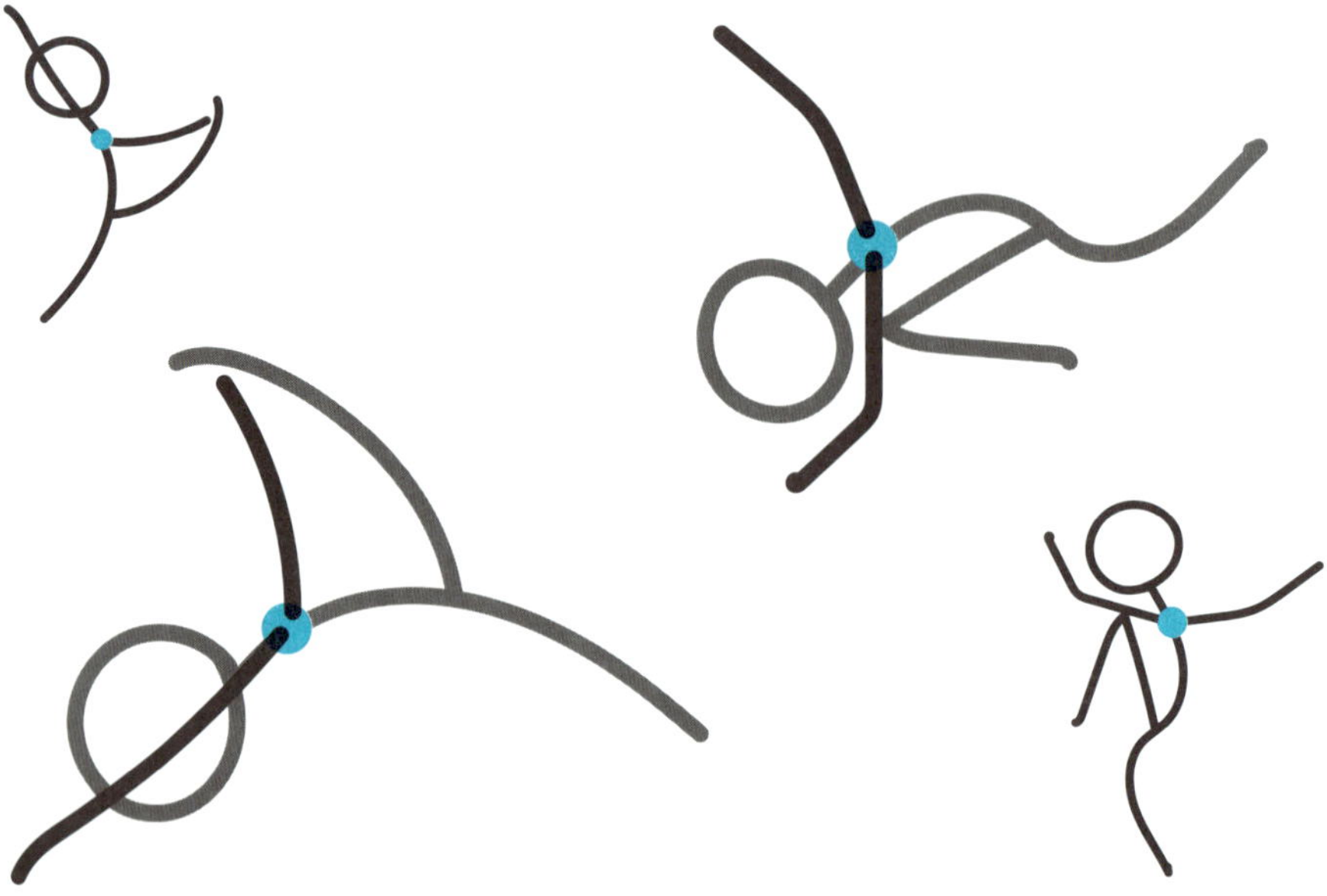

## 基本

手足をつける

**あなたが描いたものは**
**「何かをしている」ように見えているはずです。**
**ヨガ、スライディング、転ぶなど。**
**向きを変えてみると**
**また違ったものに見えてきます**

## コラム 右手はどっち？

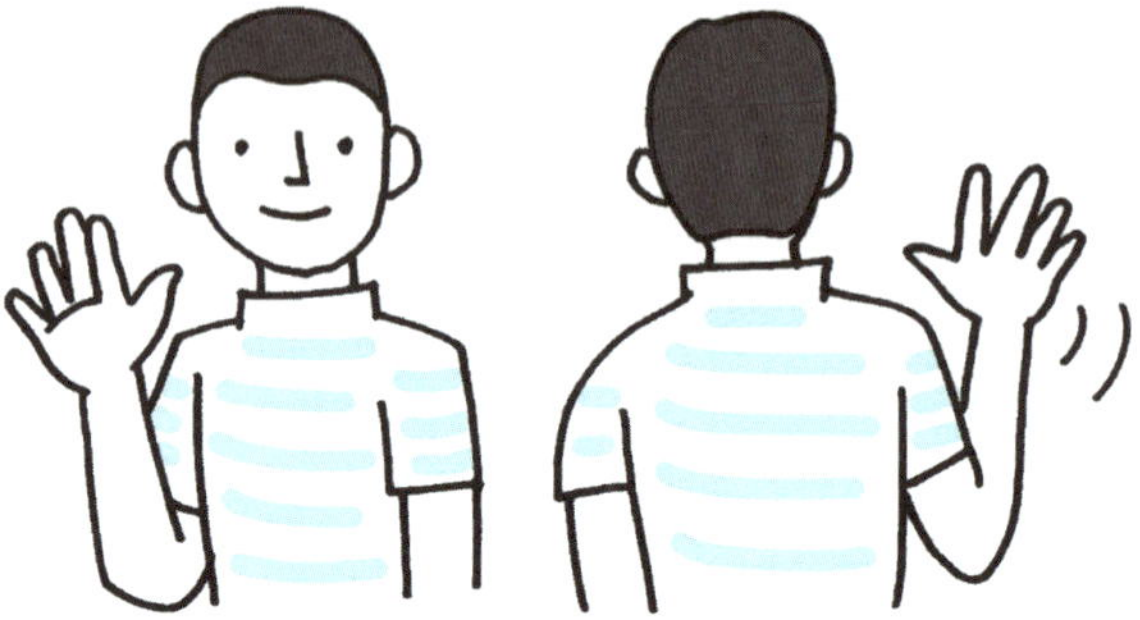

向かい合わせなら右手は左側
背中から見るなら右手は右側

お箸を持つ

手を振る

説明書などを絵で解説する
ときに迷うことがあります。
明確に意識しておきましょう

ペンを握る

女性の洋服は右の合わせが前
男性の洋服は左の合わせが前
ボタンの位置で
メンズ服かレディース服か
わかります

着物、浴衣は男女ともに
右手が入るように合わせます。
つまり左側が前です。
自分の体の手前側にくるのは
右側なので「右前」と言います

# 3章

# 言葉

漫画符号の使い方
動線の使い方

この本が目標にしたいのは
棒人間をコミュニケーションツール
つまり「もうひとつの言語」として
使えるようになること

# 言葉

目的を果たす動作、例えば
走る、持ち上げる、眠る
感情を表す動作、例えば
嬉しい、悲しい、感謝
これらを絵で表現できれば
文字はなくても誰かに
自分の意思を
伝えることができます

そんな方にもおすすめです

座っている＋ため息
＝とても疲れている

布団に入っている＋寝息
＝眠っている

元気である＋光り輝く
＝元気ハツラツ

ひとつの動作＋漫符で
いろいろな表現ができるようになります

## 言葉

漫画符号の使い方

漫符は棒人間をいきいきと見せるために必要です。
ワンポイントでありながら物事の性質や状態を表す
形容詞のほか動詞としても重要な役割があります

# 漫画符号の応用（配置と数）

座っている＋湯気
＝なごんでいる

ひとつの動作＋漫符で
いろいろな表現ができるようになります

怒っている

ぷぅ

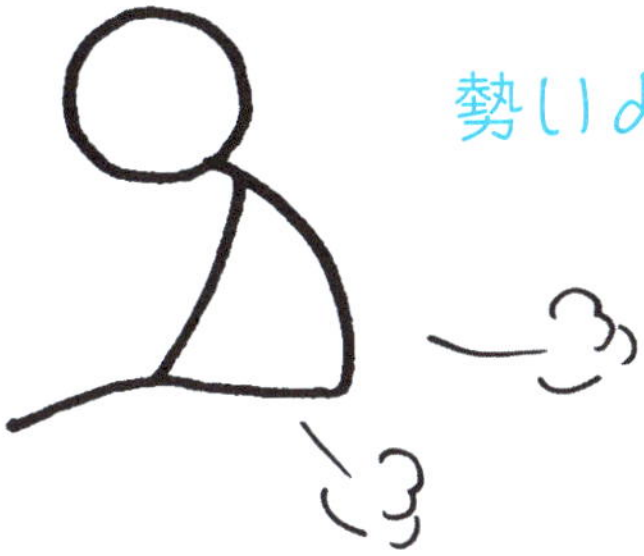

勢いよく座った

漫符の数を変えてもまったく違う意味になります。
他言語を覚えるより簡単です

※漫符によっては、国内のみで通じるものもあります

# 漫画符号の応用（種類）

楽しい気分

恋・好き

暑い

ひとつの同じ動作＋漫符の種類によって
意味が変わります

実らない恋・片思い

相思相愛

なかよし家族

同じポーズの人を複数置いたり、大きさを変えたり、
漫符を二つ以上組み合わせると、さらに意味が深くなります。
応用次第で意味は無限に広がっていきます

## 特別な漫画符号（動線）

物体の軌跡があれば

動く（どんなふうに？）

飛び上がる

落ちる

回転して

脱力して

## 言葉

動線の使い方

震える（なぜ？）

怖いから

寒いから

スピード（どんな？）

とても速い・遅い

瞬間的に

断続的に

…などを表現できる

## この震えている動線の理由は？

**震えているのはなぜ？**

**「近くにヘビがいて怖いから」**

棒人間を使って
「怖い」「寒い」と感じているのを
説明したいときに、この動線は便利です

## 震えているのはなぜ？

## 「木枯らしが吹いて寒いから」

### 状況によって、震えている動線の意味が
### 別の形容詞に変わります

単純な形なので、描くのは難しくないでしょう。
しかし「この状況にはこのカタチ！」と瞬時に思い出す
脳の回路ができるまで、初めての人や描くことを長い間
やめていた人には、少し時間がかかるかもしれません

## 物体の「軌跡＝動線」があれば…

両足が地面に接地したままの歩行は
不可能だが、動線があれば
歩いているとわかる

ありがちな「歩く」

「棒人間はマッチ棒のようなものだ」という
固定概念は捨てましょう！

言葉

動線の使い方

# 物体の軌跡がなくても…

歩く動作を理解していれば、
動線はなくても
歩いている棒人間を描ける

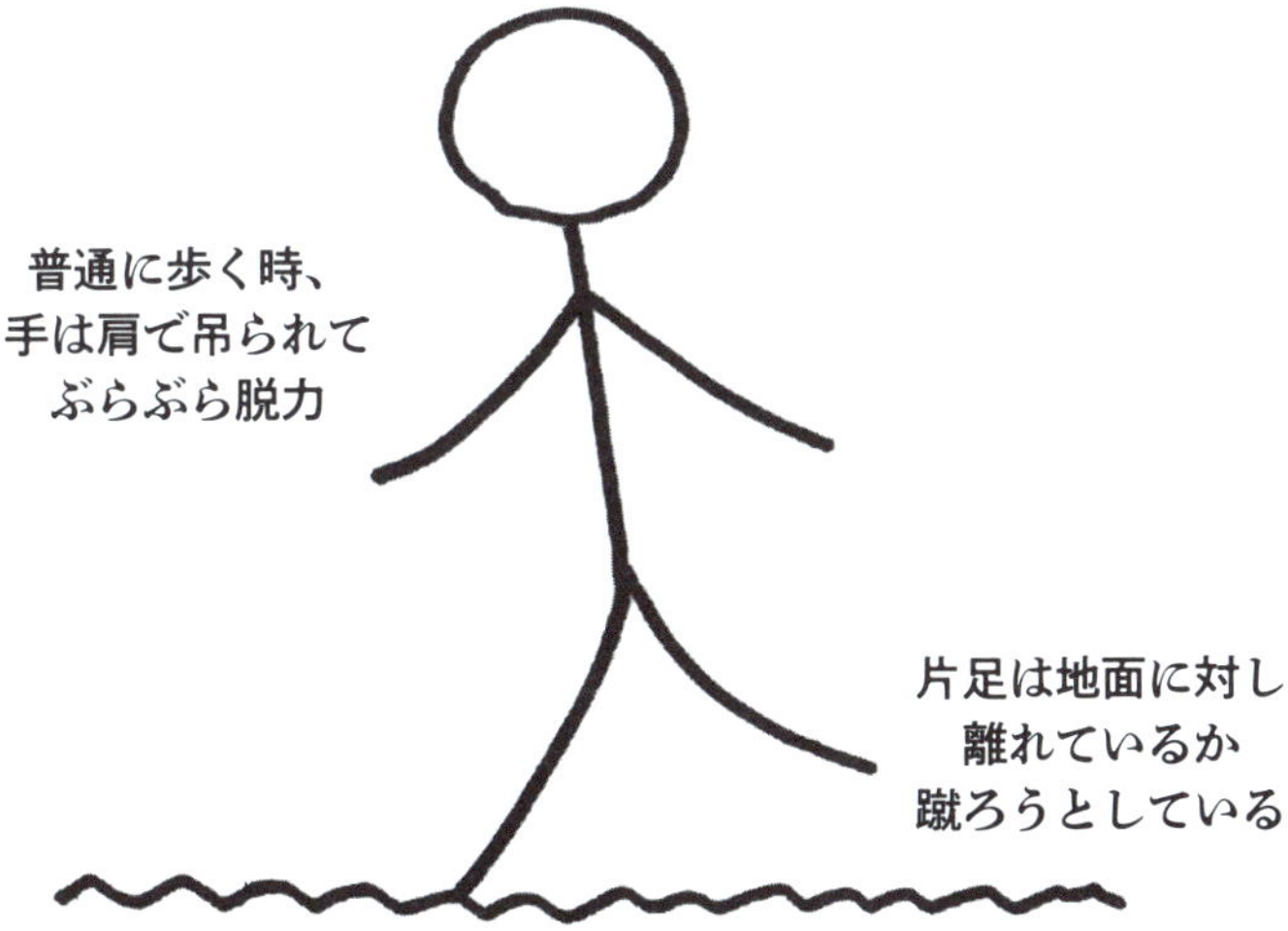
普通に歩く時、
手は肩で吊られて
ぶらぶら脱力
片足は地面に対し
離れているか
蹴ろうとしている

背骨（中心軸）を傾けた方に足が出る。
左に進もうとしているのも分かる

※実際に歩いてみてください。
後ろ足は競歩でない限り、まっすぐのびていません

### 問題１

## 人々が「上昇する」「跳ねる」動線をつけてみよう。

長さや本数は自由。長くても短くても多くても少なくても良い

## 問題2
## 人々が「下降する」「落下する」動線をつけてみよう。

※正解はありませんが、一目で落下か上昇かが分かるように！

# 動線をつける位置（解答例）

## 問題１解答例

### 人々が「上昇する」「跳ねる」動線

上がる時は棒人間の下に動線を、
下がる時は上に動線を。
軌跡は動いた後方につけます

## 問題２解答例
## 人々が「下降する」「落下する」動線

脇をあけて両腕を上にあげているこれらのポーズは、
重力に対して心にも体にも余裕があります。
もし自分でコントロールできないような落下だと、体はどうなるでしょうか？

# 重力と体（落下する速さ）

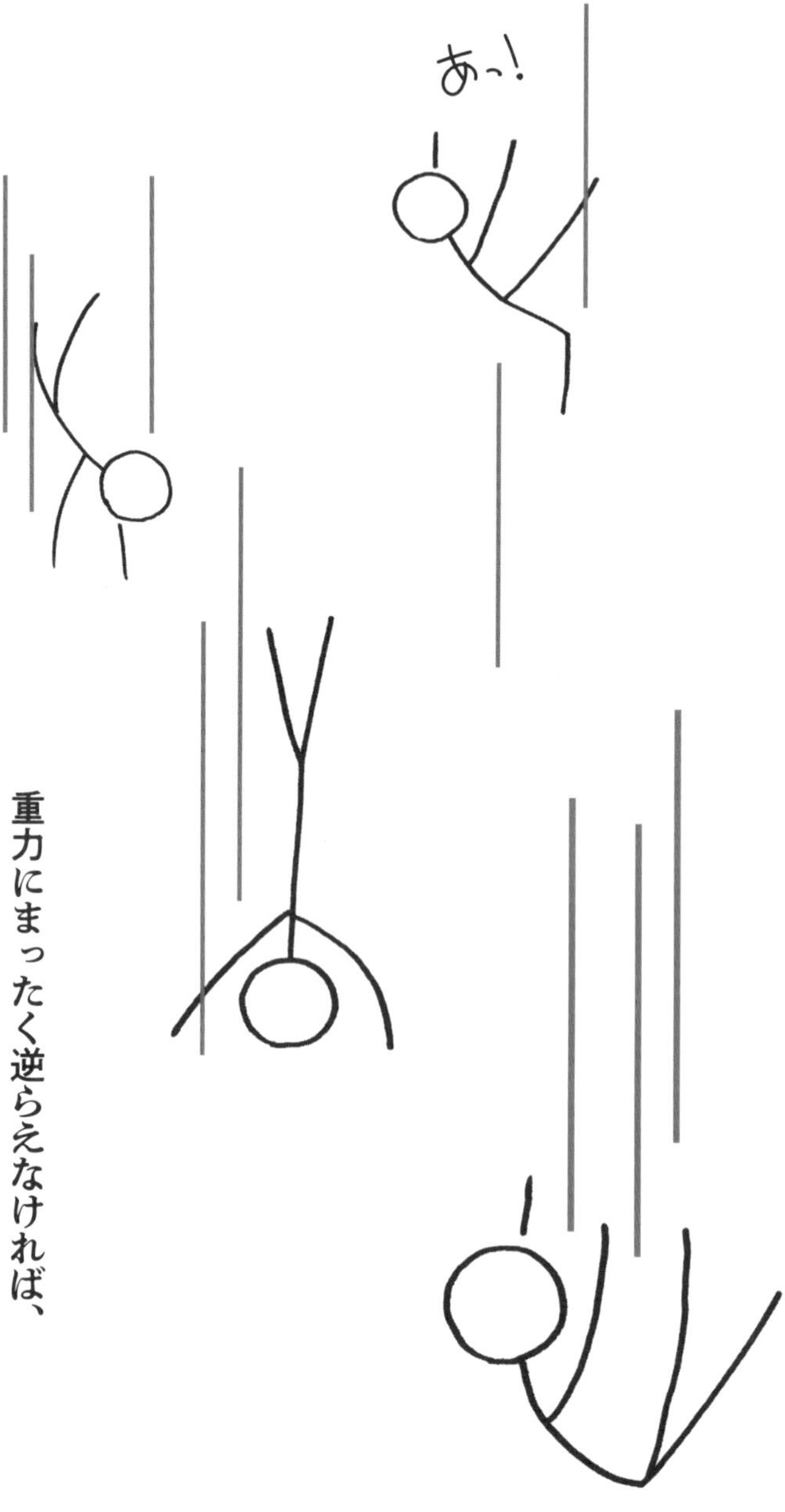


重力にまったく逆らえなければ、
体の重い部分が下になります

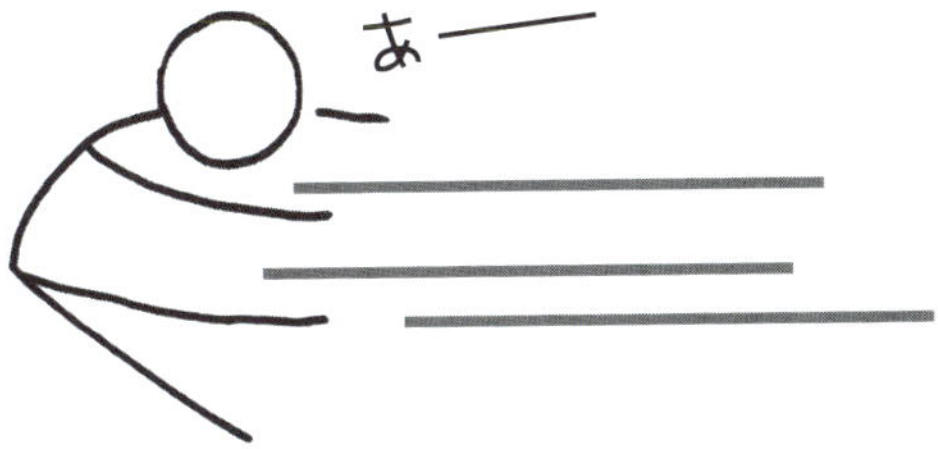


落下していた向きを変えれば、強い圧力で吹き飛ぶ人に！

動線の種類によって速さを表すことが可能です

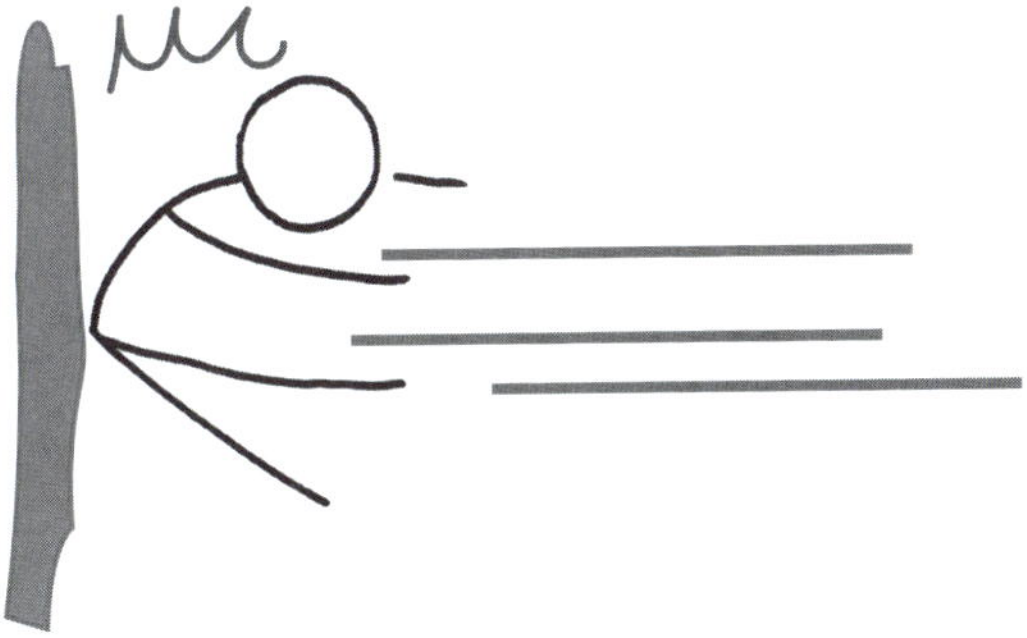

何かの障害物に当たった！

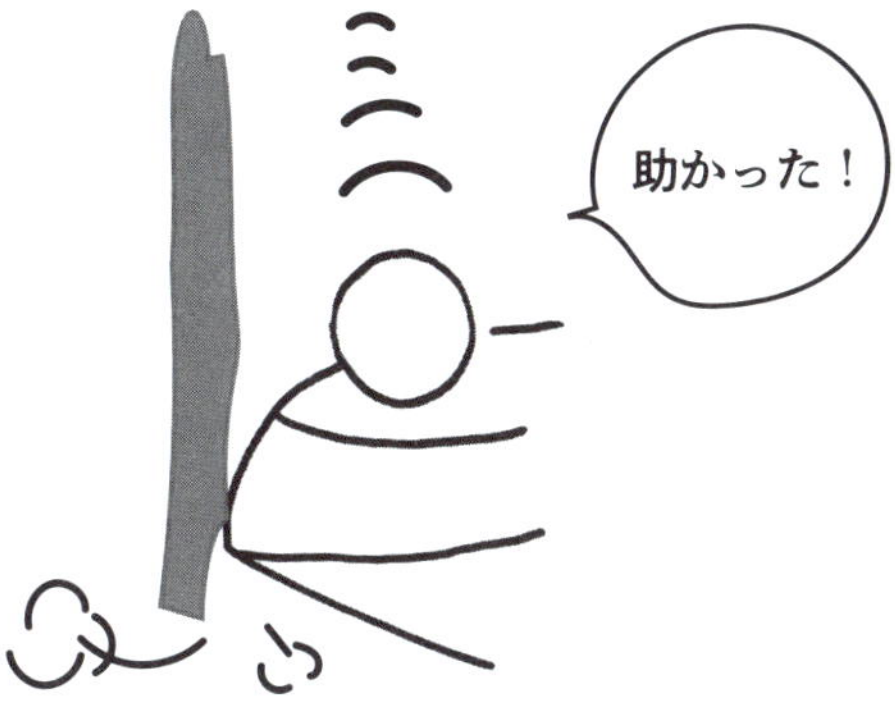


壁と背中の摩擦によってズルズルと落ちる

## 問題

**次のそれぞれについて、もっともふさわしいと思える低速・中速・高速の動線のいずれかを描きましょう。**

何の知識もなく
トライしてみる。
失敗しても OK!

背骨が地面に対して
垂直な不器用な走り

こどもの運動会で久しぶりに走る
お父さん。体が反っている

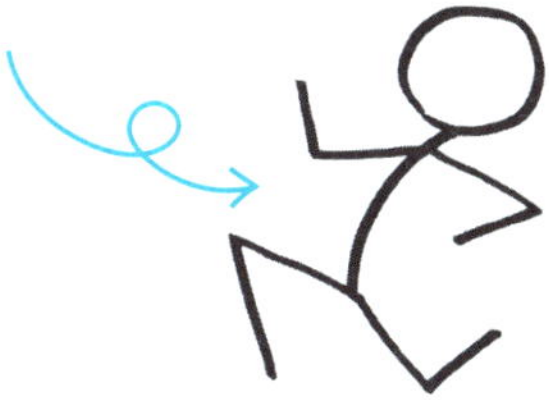

気持ちは焦るが、体がついていかない

全速力！

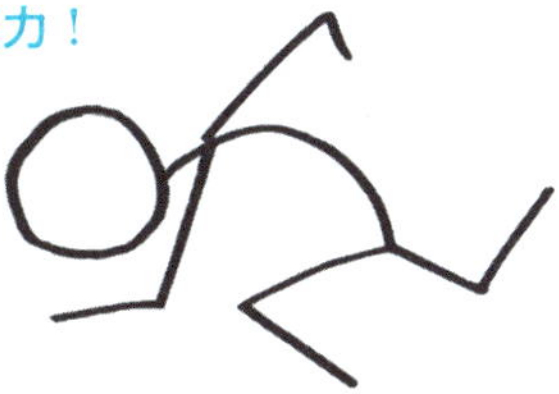

解答例

**物体が動いている時間が、それぞれ同じ 0.1 秒であってもその動いた距離が動線の長さとして表現されます。**

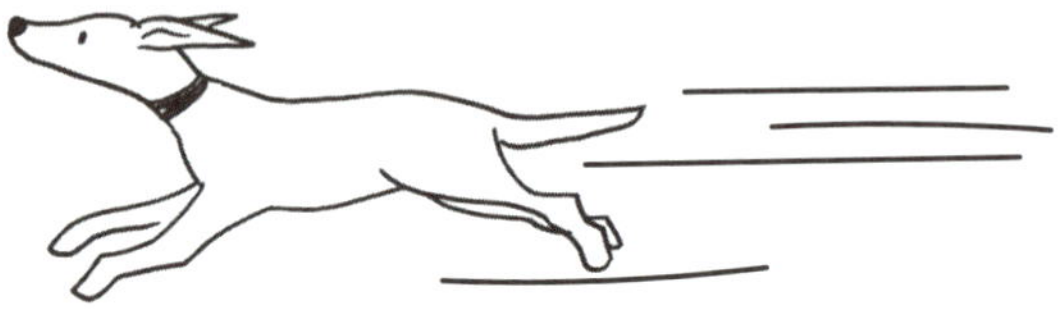

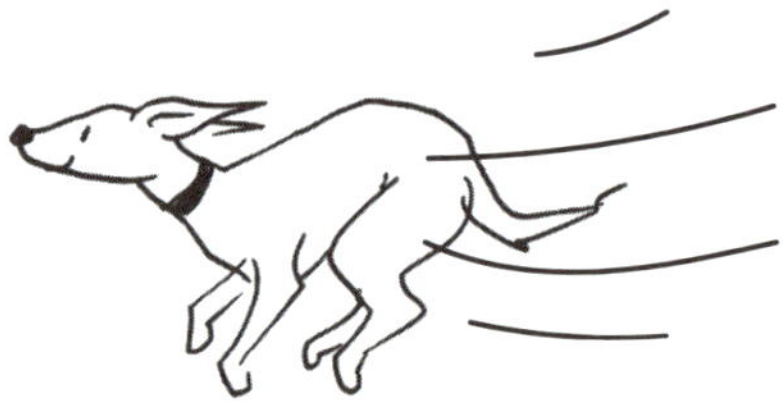

犬のように「走ることが楽しい！」と思う動物なら、動線に「あそび」を入れて風に舞うような感じの線もあり

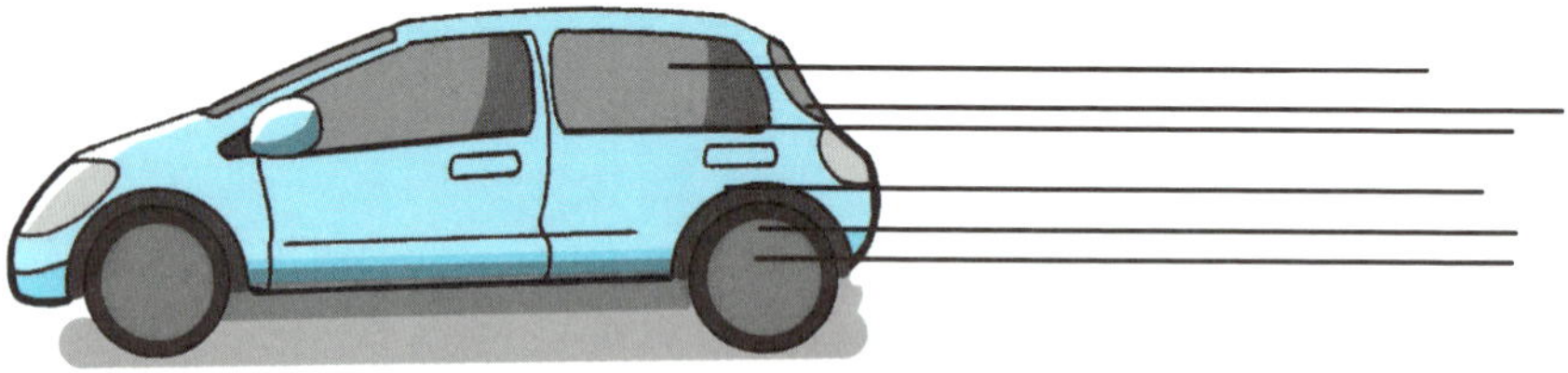

車の速度と比較して自転車の動線を短くすることで、「少し低速」を表現

背骨がまっすぐだと
下手な走りに！
ヒー

# 4章

# 動作

膝とバランス

座る

寝る

# 棒人間を自在に操ろう

## 立ち上がって動く

必要なものは

# 膝！

歩く
走る
スキップする
ジャンプする
階段を上る
階段を下りる
抜き足差し足

# 動作

膝とバランス

## 立ち上がって静止

必要なものは

# バランス

両足で立つ
片足で立つ

この章では基本的な動作を学びます

膝の使い方を描いて覚えましょう

# 膝《ひざ》関節

## 歩く

**蹴りだす前足の膝はまっすぐ**

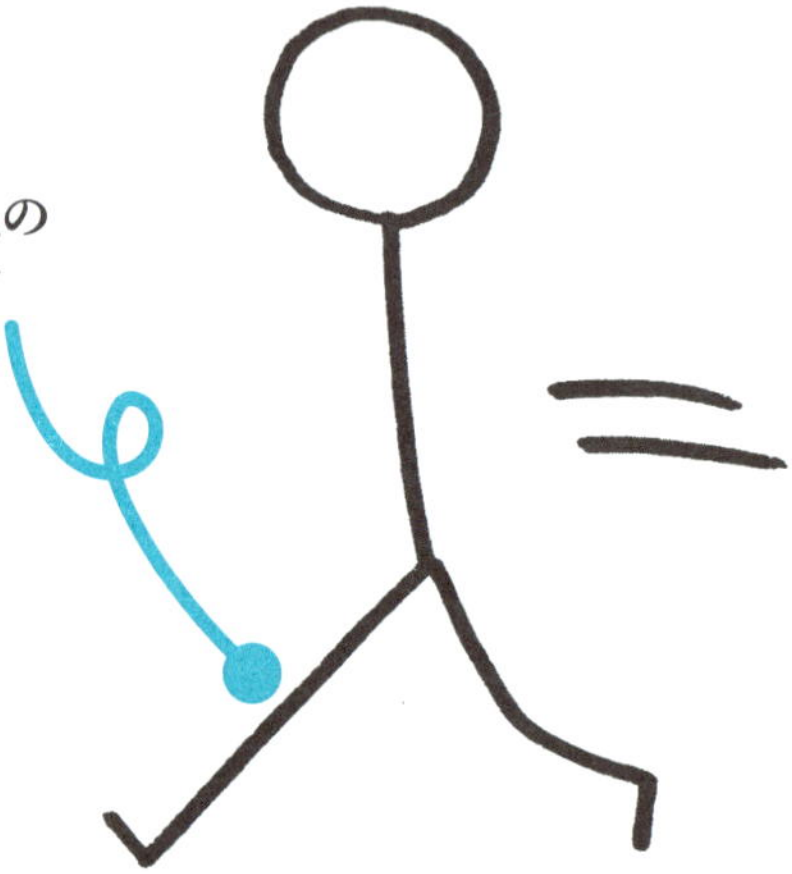

## 走る

**後ろ足の膝は曲がっている**

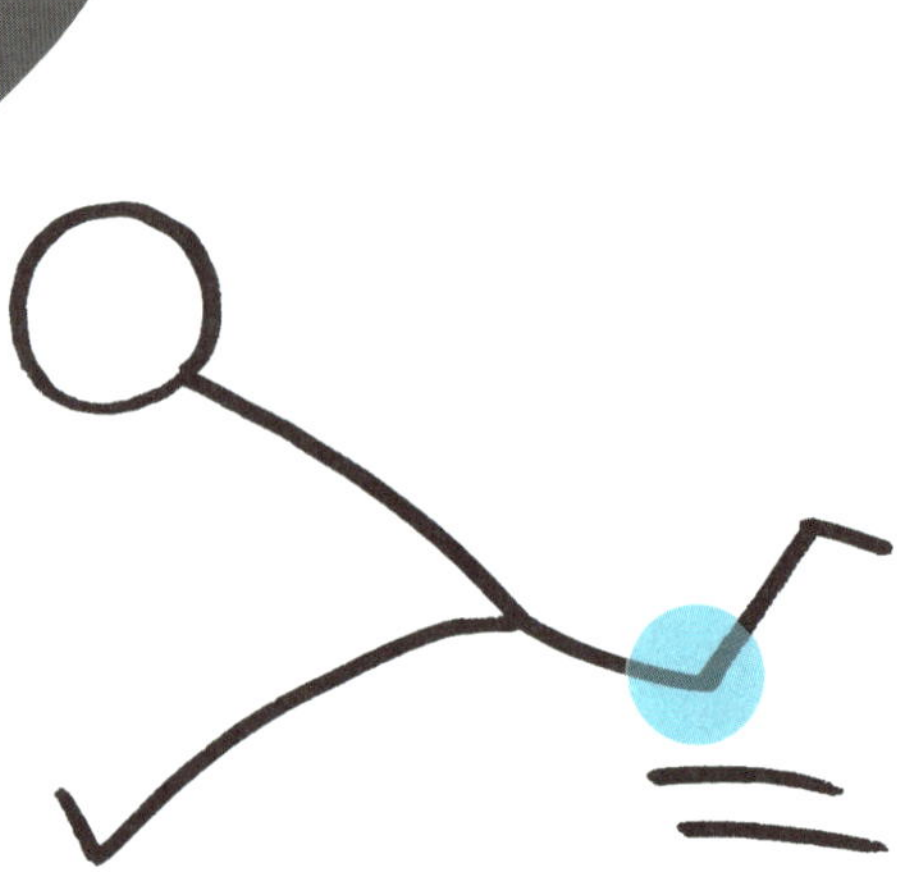

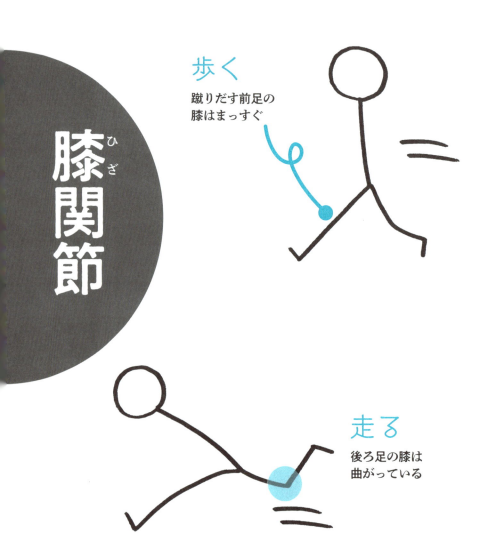

## 動作

膝とバランス

# の基本

### 上る

前足の膝は
曲がっている

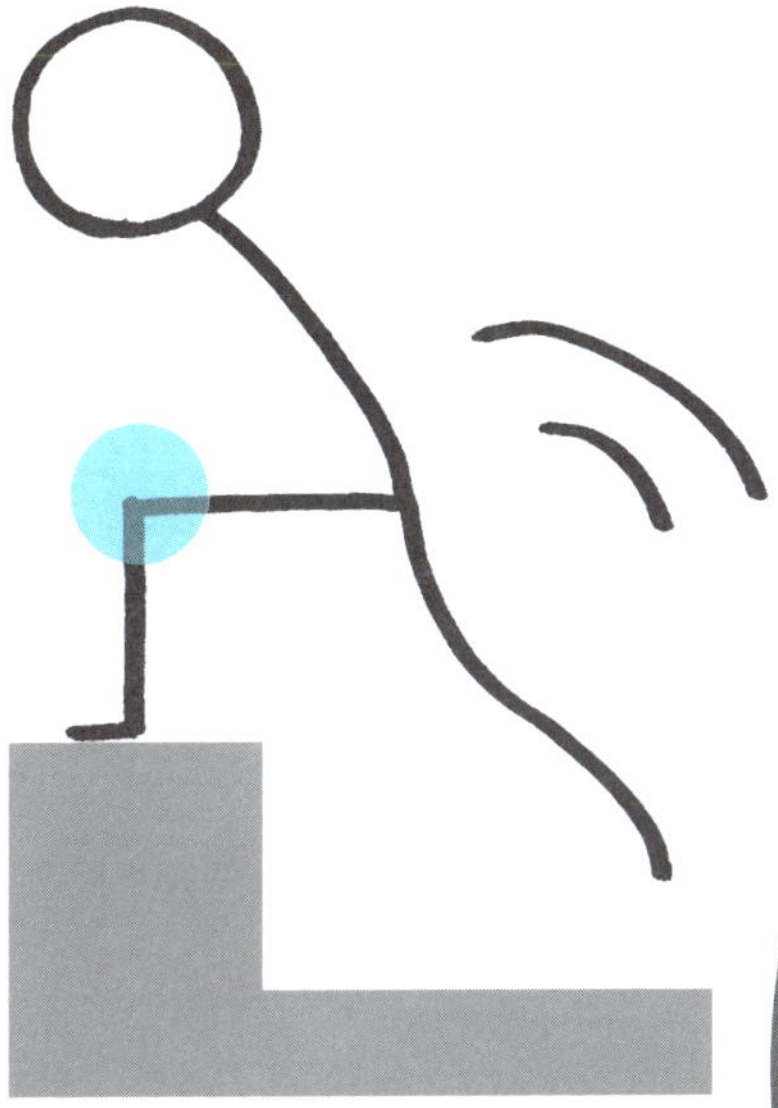

### 下りる

前足の膝は
伸びている

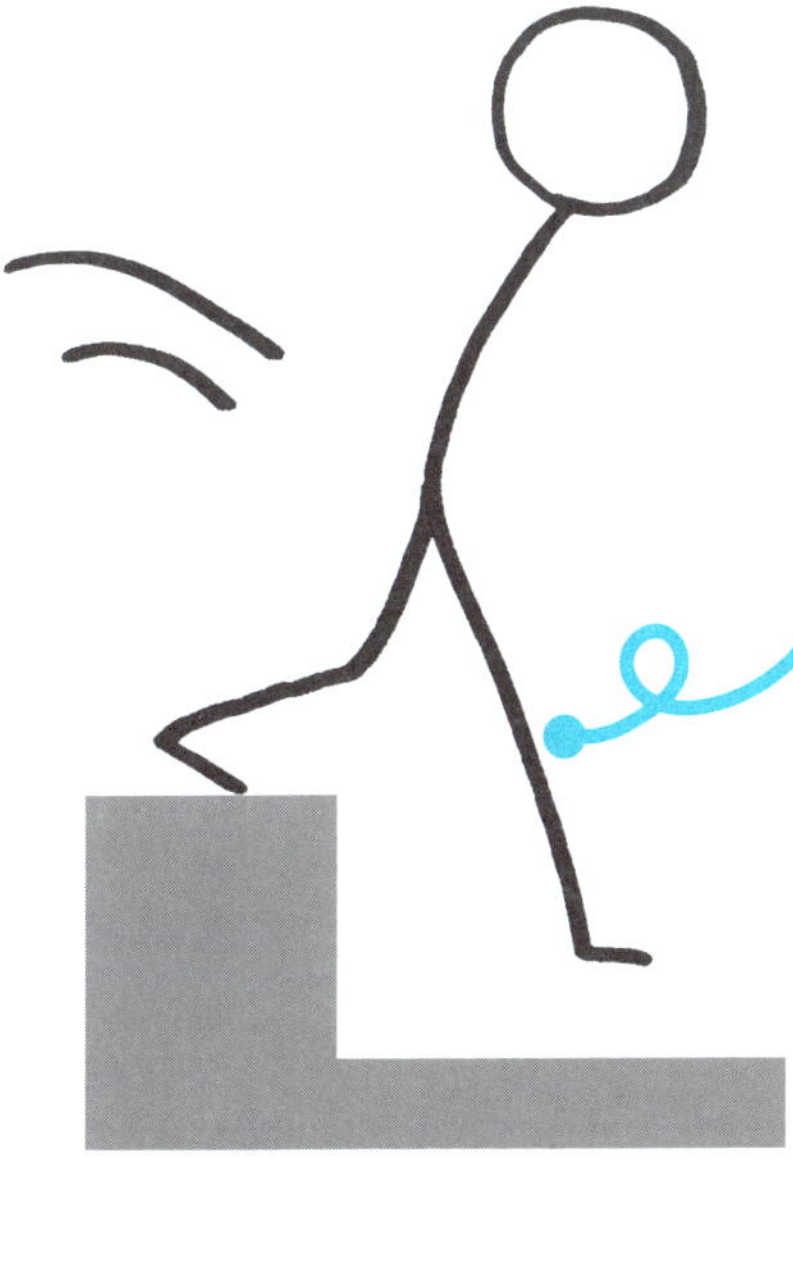

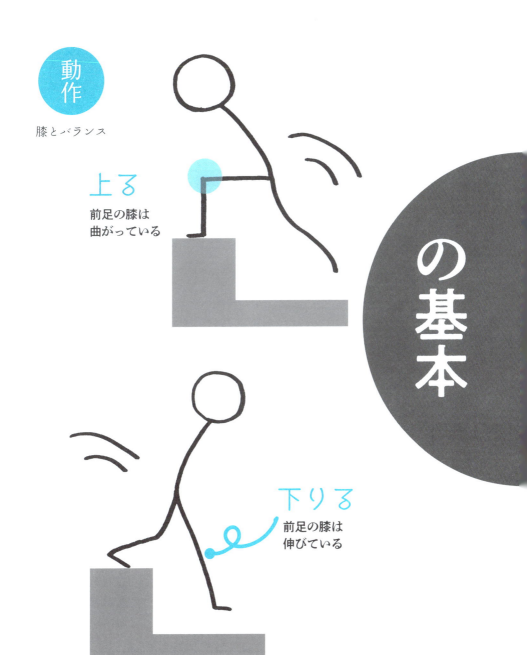

# 歩くとき

## 蹴りだす前足の膝は曲がりません

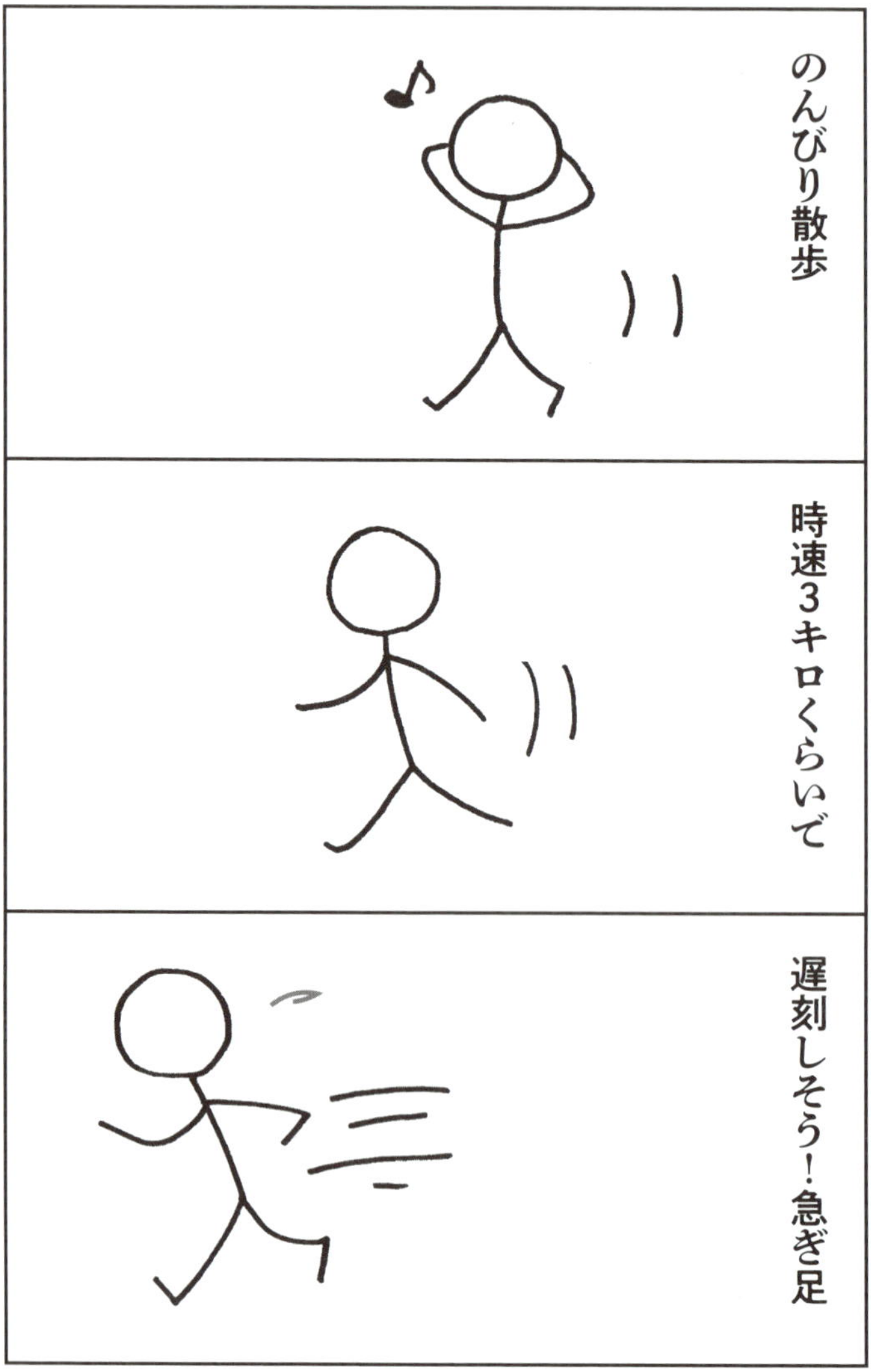
のんびり散歩
時速3キロくらいで
遅刻しそう！急ぎ足

# 走るとき

## 後ろ足の膝は曲がっています

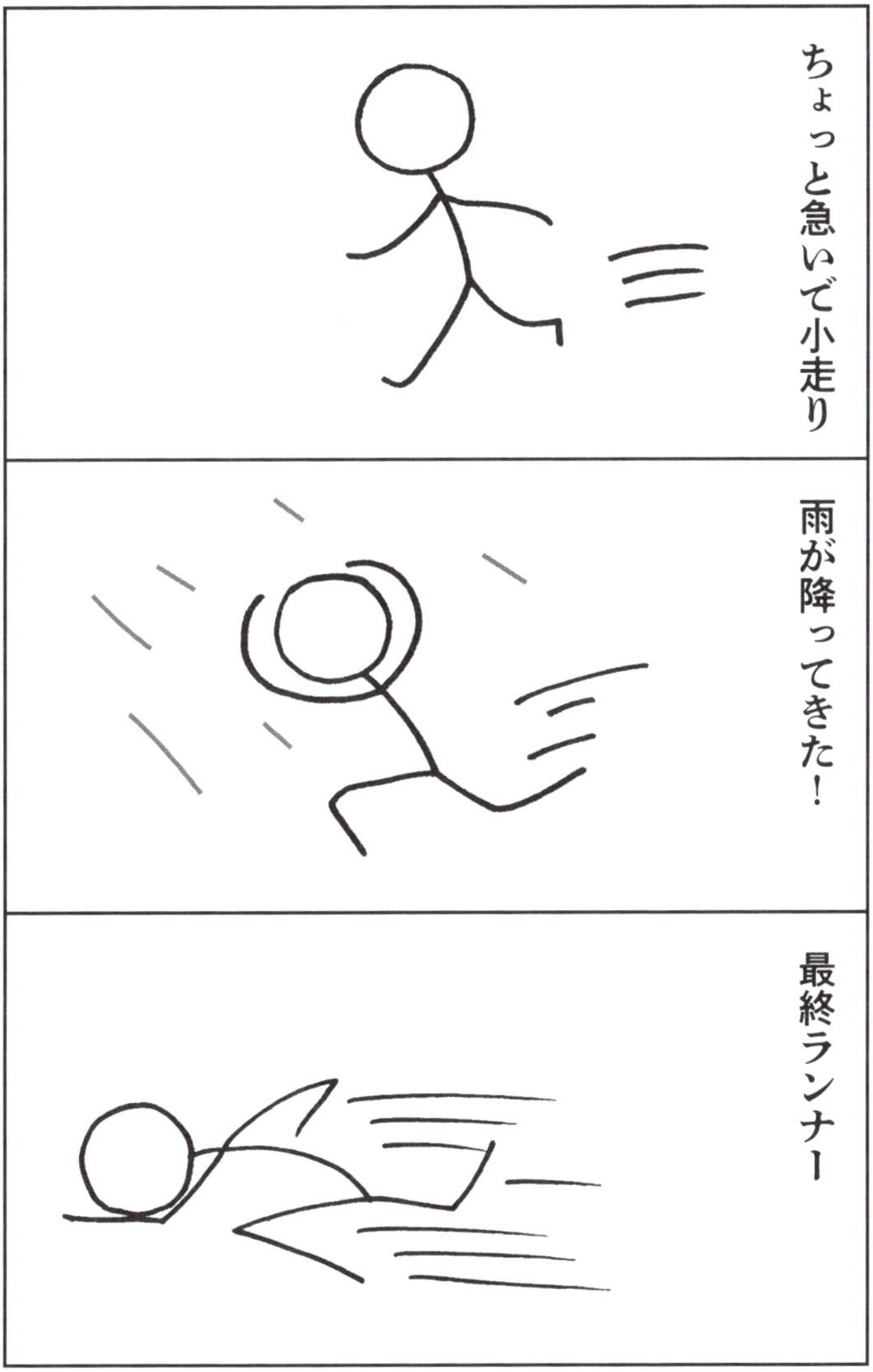
ちょっと急いで小走り
雨が降ってきた！
最終ランナー

# 上るとき

先に出た足を曲げて全体重をそこにかけます

足の使い方を意識するだけでも画力は向上！

動作

膝とバランス

# 下りるとき

## 先に下りた足の膝をのばして下段に着地

下りる足が接地したとき
全体重がかかります

着地足に全体重を載せれば
からだのバランスがとれて
片足はブラブラでもOK

動く時は膝　静止する時はバランス

# バランスって何だろう?

ヨガやバレエに見られる
片足で静止して立つポーズは
バランス力と筋力がないと
立てません。
実は描くのも難しい…

大丈夫!
描くのが難しくても
回避する方法はあります。
上手にかわすのも画力のひとつです
(↓次項コラム参照)

# 動作

軸足に全体重を乗せることができれば
他の手足は自由に動かすことができます

膝とバランス

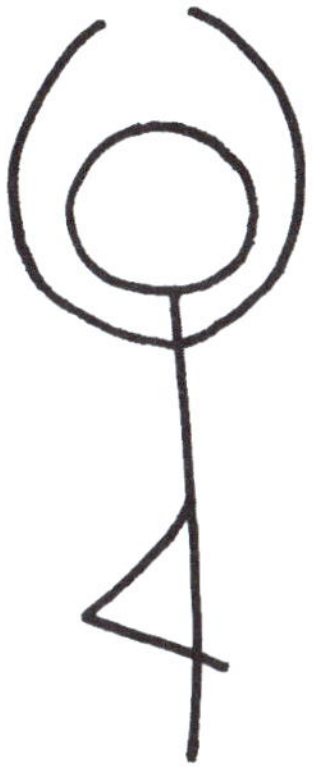

静止しなくて
いいポーズなら
描くのも動作も
簡単です

コラム

# 回避するコツ

## そう見せたいのにそう見えない↓諦めずに抜け道を探そう

**「ゴルフをする」**

上級者が描くと

初心者が描くと

**「お玉を持っている」ように見えてしまうのを回避するにはどうしたらいい？**

1、背景をつける

太陽か雲があれば
野外に見える

2、具体的な名称を書く

小さめの文字なら
上品に見える

3、囲み枠でトリミングする

周囲の情報があるなら
苦手な部分は描かない

バランスを失えば…

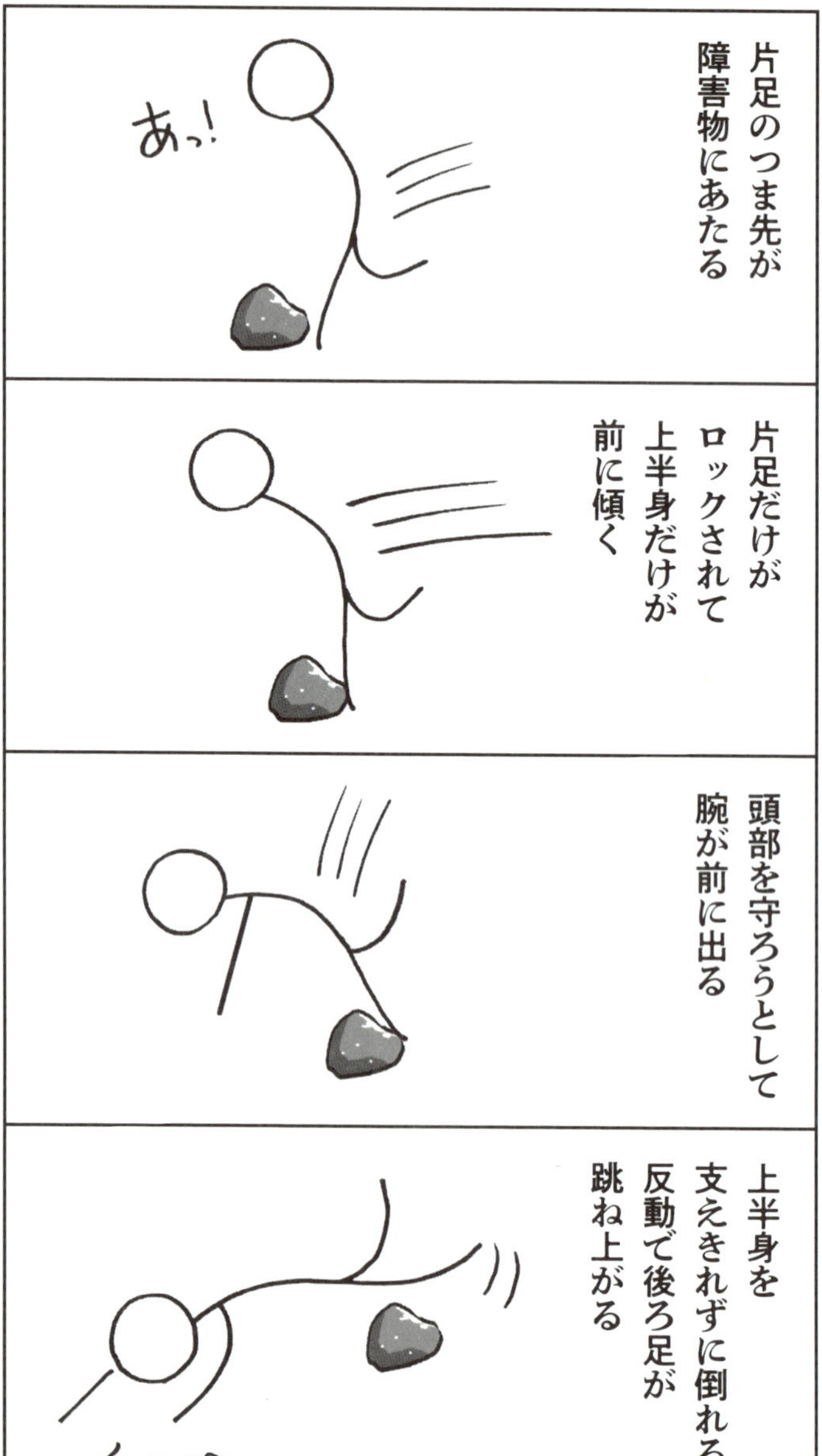
片足のつま先が
障害物にあたる
あっ!
片足だけが
ロックされて
上半身だけが
前に傾く
頭部を守ろうとして
腕が前に出る
上半身を
支えきれずに倒れる。
反動で後ろ足が
跳ね上がる

# 重力に対して体重を支えられなければ転ぶ

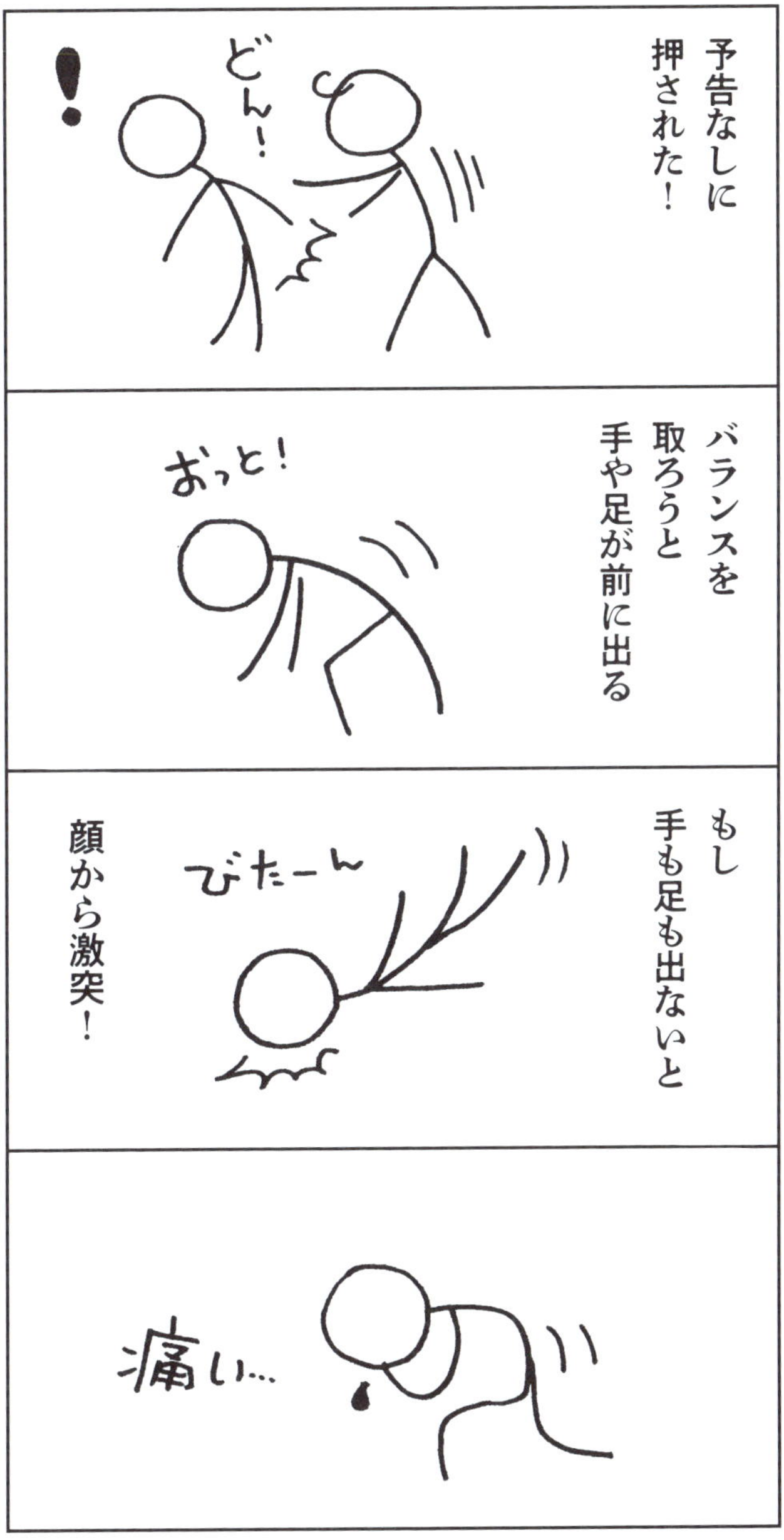


体感は大事です。転んだ経験も画力の無駄にはなりません

# 座る

実際に同じポーズを体感してみよう

蹲踞《そんきょ》

跪座《きざ》

胡坐《あぐら》

正座

## 動作

座る

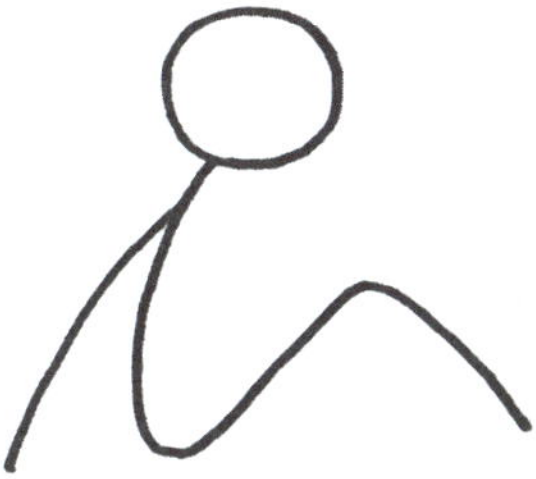

体育座り

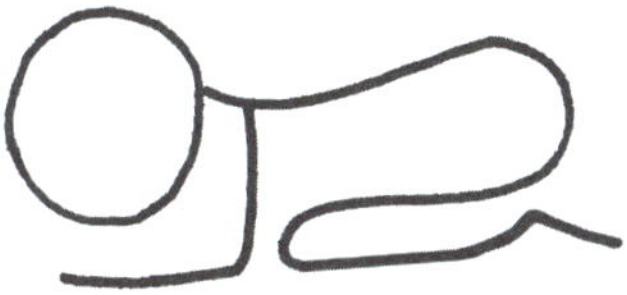

座礼

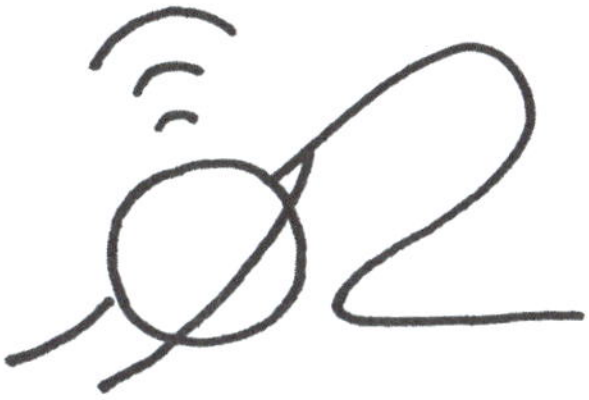

長座位

想像だけで描くよりも、自分の体に意識を向けて体感してから描くほうがいい練習になります。できれば日を違えて反復することで、さらに画力の向上が期待できます

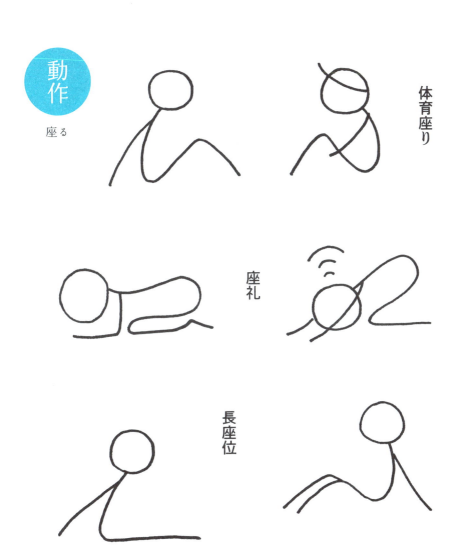

**「椅子をイメージしなさい」という質問に対して**
**いろんな形を思い浮かべることができますか？**

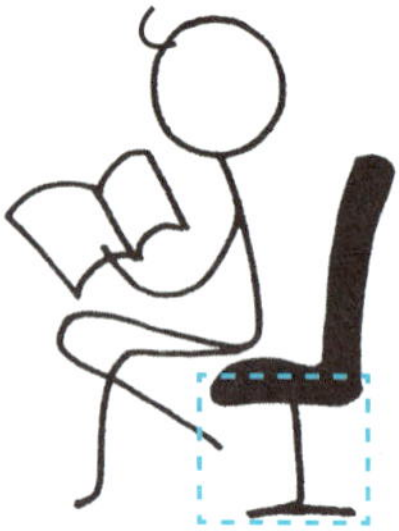

# 椅子に座る

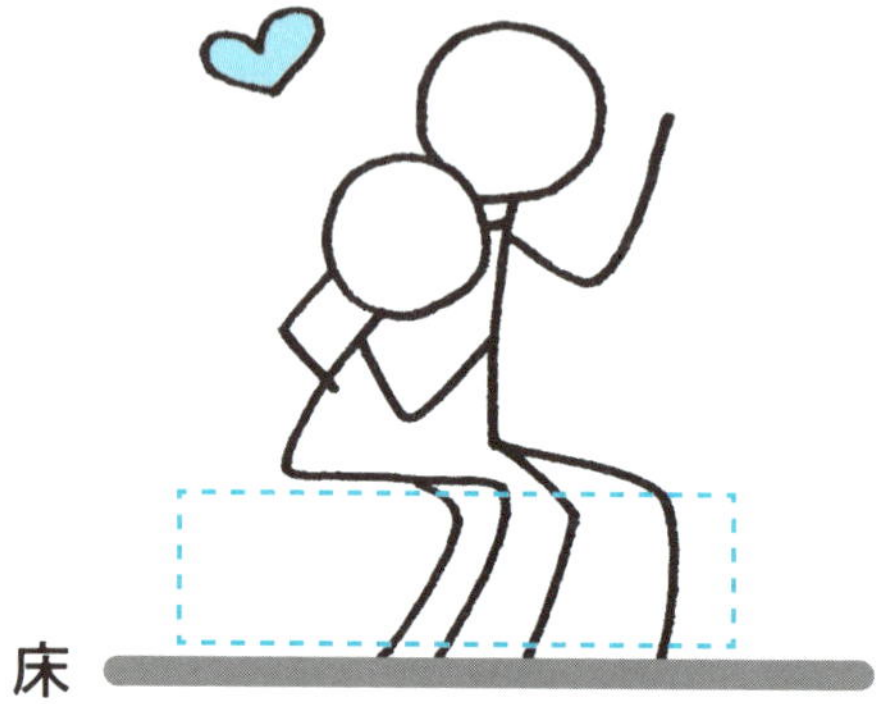


「座る」とはお尻が地面に接地しているか、
お尻と地面の間に「何か」があること。
その何かを自分なりに描いてみましょう。
ソファー、事務椅子、スツール、バランスボールなど。

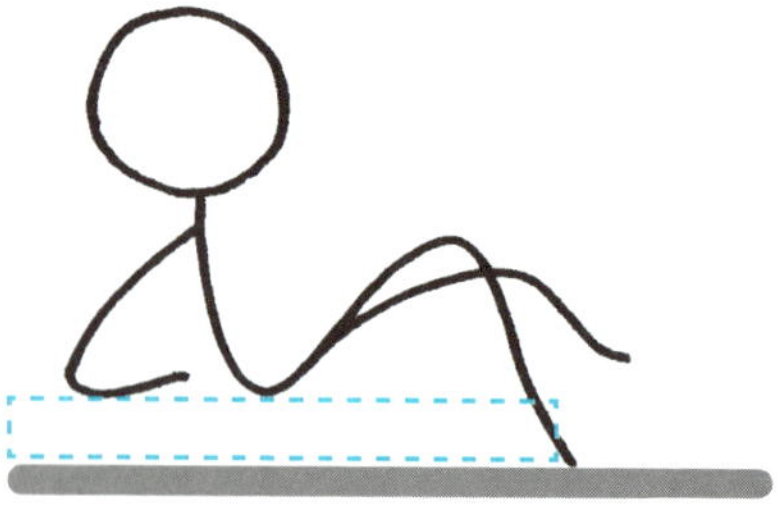

おたのむ
お背中流しましょうか

ターゲットを定めて観察することが上達へのステップです。例えば一般的な風呂場の椅子と、ダイニングチェアの脚の長さはどれくらい違うでしょうか？

## 椅子の高さと膝の位置は連動しています

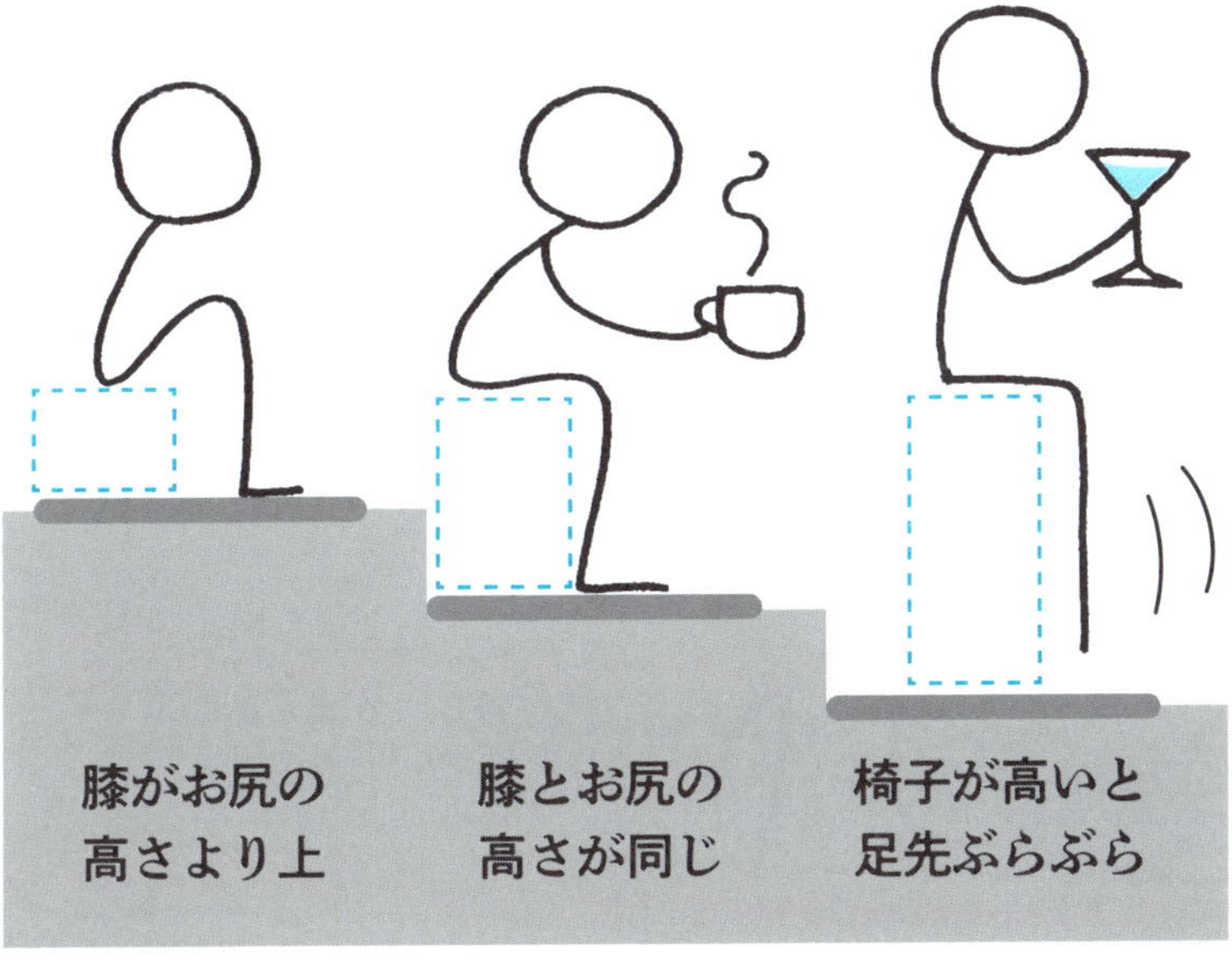
膝がお尻の
高さより上
膝とお尻の
高さが同じ
椅子が高いと
足先ぶらぶら

# 椅子に座る2

椅子のデザイン次第で様々な状況や場面を
効果的に表現できます

筋肉を必要としない座り方が
できる椅子

脱力して座るとき
背骨はたわんでいる

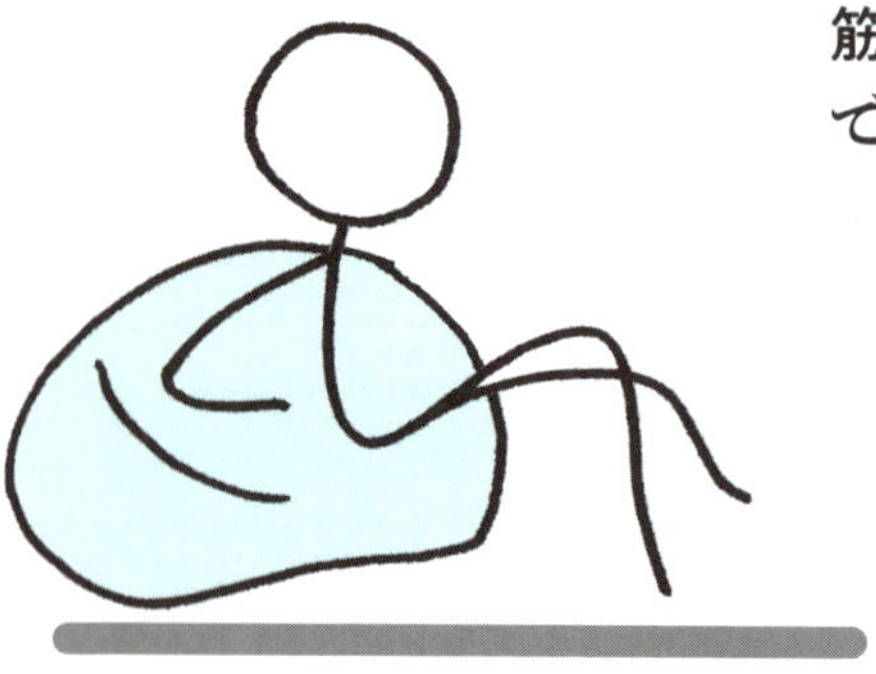

リラックスして
いるってわかるね

一般的には、目下の方が背筋が伸びて緊張感を保った姿勢

## 椅子の高さでどんな飲食店かイメージできます

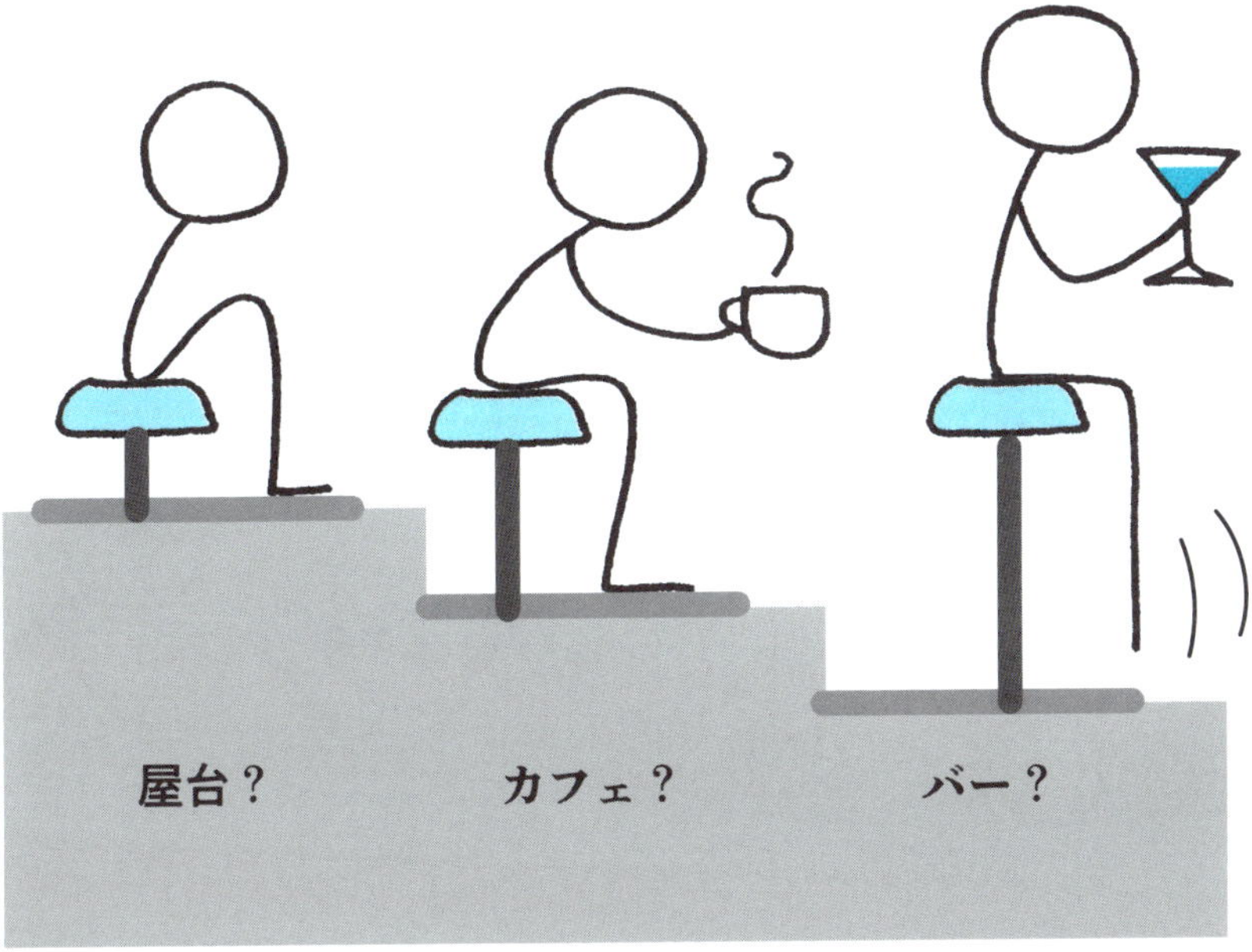

# 眠りを研究しよう！

三日月は、夜を表す
シンボリックな形

“Z” は一般的に「ズー」と読み、“ZZZ” はぐうぐう眠っている音です。
これがあれば眠っていることを説明でき、多くの国で理解して
もらえる便利な記号です。大きさも数も自由ですが頭の付近におくこと。

眠りに落ちると
頭は傾《かし》ぎ、
背骨で支えられ
ません

眠りの脱力感は
力を抜いて線を引きます

動作

寝る

## わかりやすい省略を！

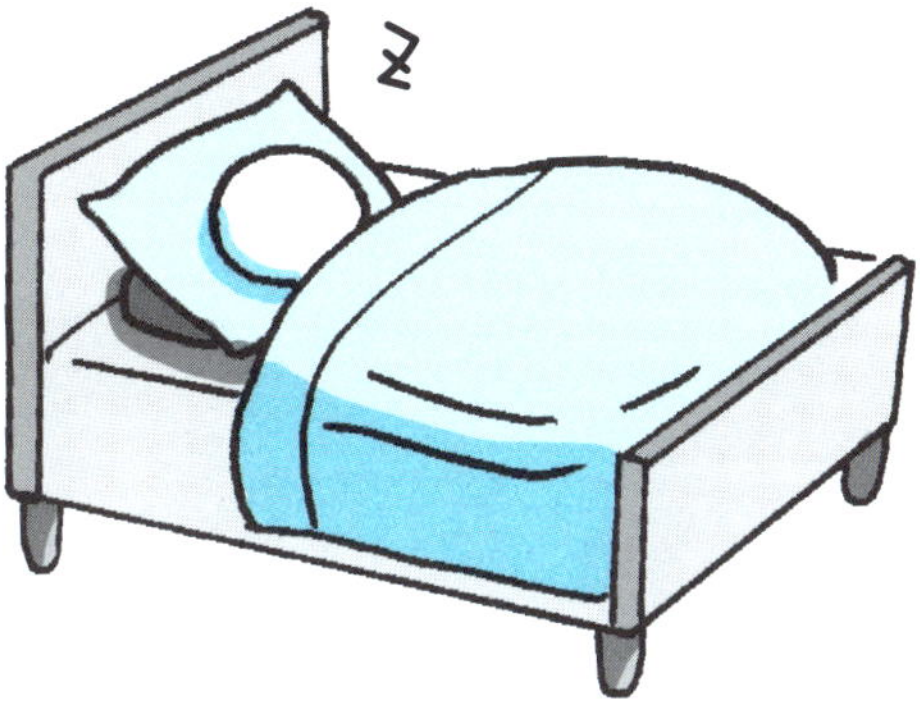

「寝る、眠っている」ことを伝えたいだけなら、寝具のすべてを描く必要はありません。一番伝えたいことは何でしょうか？省略したほうがわかりやすくなることは多いです

布団に体のふくらみを
感じさせるのがコツ

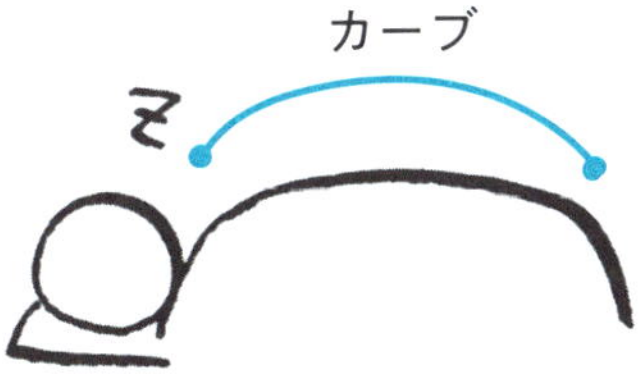


## 悪い省略の例

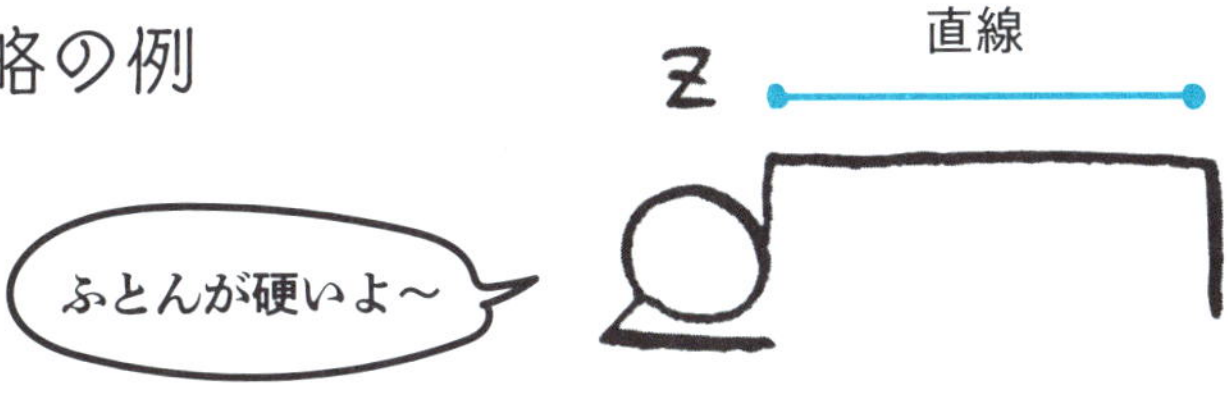

# 5章

# 感情

喜怒哀楽
様々な気分

# 感情表現のパターンを知ろう

棒人間の気分の表し方を学びます。

感情を描くからといって
自分の感性や気分だけで表そうとすると、
曖昧な表現になってしまうことがあります。

他人から見て、その状況がわかる感情表現には
身体の決まったパターンの動作があります。

感情を2次元に変換！
世界中で通じる便利な手段です

## 解放！

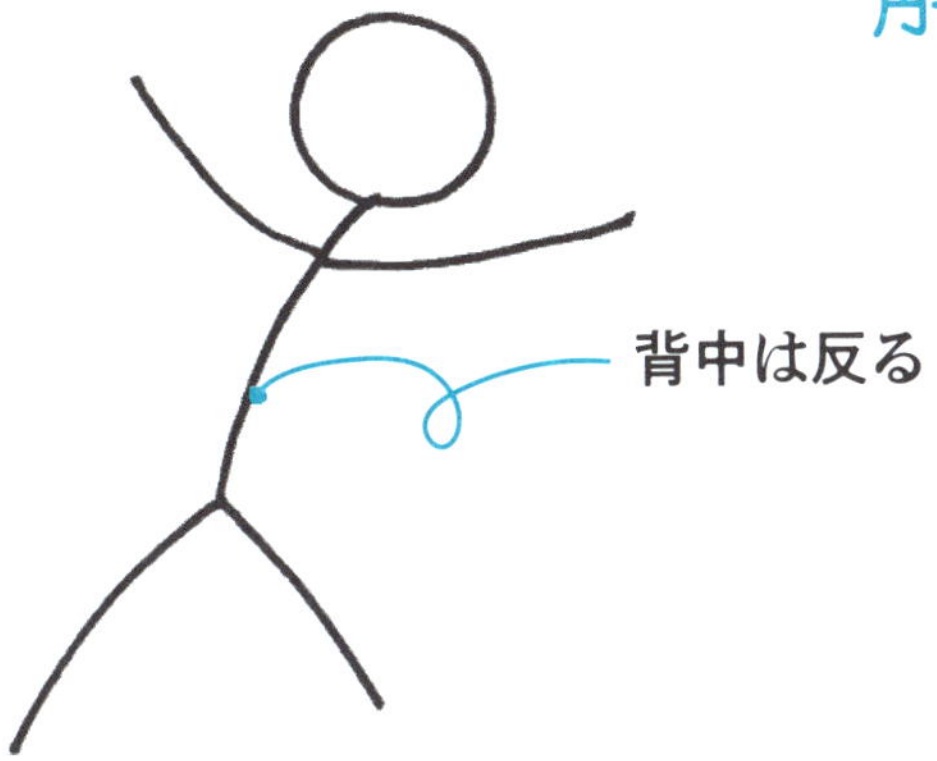


基本動作1

喜びを表すには両手両足が外に向かって広がり、
悲しみを表すにはおなかを守るように丸くなります

## 守り

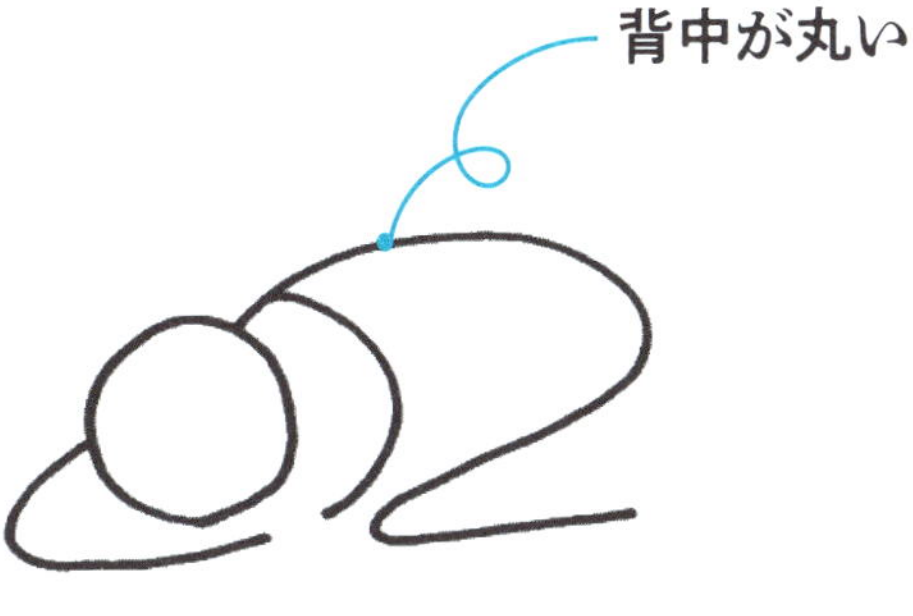

## 上がる表情

基本動作２

喜びを表すには口角を上げ、反対の感情には
口角を下げます。たとえ目は描かなくても、
ほとんどの人が快・不快を読み取ることができます

# 下がる表情

さらに！

同じ動作でも意味がまったく変わります。
動作は悲しみなのに、口元だけが笑っているという
意味深な表現も可能になります

# 喜怒哀楽

# 笑う
# 喜ぶ

ひかえめな笑いを表現したいなら口は小さく

歯を見せて笑うときは、目も笑っている

感情

喜怒哀楽

## 口の形を変えると、
## 複雑な感情を伝えることができます

### 含みのある笑い

ありがた
迷惑な…

口角にちょっと緊張があり頬がゆるんでいない

### 悪意のある笑い

片頬だけが歪んで
口角が上がるのは
悪いことを企む
典型的な表情です

上下の歯を重ねたまま笑うと、目は笑っていない

さらに！

感情を意識しながら描くと、ペン先に気持ちがのります。
人間には、その絵の中の感情を読む力があります

喜怒哀楽2

# 怒る 悲しい

## 泣く

眉毛は下がる

## 悲しみ・あきらめは下に向く

怒りは外に向く

# 怒る

眉毛が上がる

不満・我慢は体の内側にためるもの

悩みがあったり悲しかったりするような

# 下がる気持ち

頭を抱える
背中が丸い
膝を地面につく
膝を抱える
溜息をつく
力が入らない
うろうろと歩きまわる
歩幅がせまい
わんわん泣く
すすり泣く

棒人間の「ある感情」を
第三者が見るだけで理解できる絵にするなら、
身体の動きを文章化してからでないと描けません

感情

喜怒哀楽

嬉しいことや得意な気分

# 上がる気持ち

跳ね回る
背中がまっすぐ
ガッツポーズ
キラキラマーク
のけぞって得意
やったー！
ハナ歌
万歳
腰に手を当てる
スキップ

誰もみてないなら

実際に演じてみてから描くともっといい

# 下がる気持ちを表現しよう

背中は丸く

歩幅は狭く

膝が曲がっている

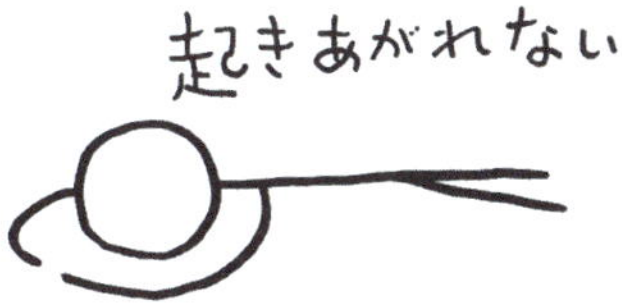

体の内側は守ります

できるだけ小さく

勢いのない線

力が入らない

頭を抱える

# 上がる気持ちを表現しよう!

腹を見せる

腹を隠す

腕の形と向きが違うだけで意味を真逆にすることができる

**★ここがポイント**

## 感情

喜怒哀楽

自信たっぷりに見せるには
背中を反らし、
腕を大きく広げてみせる

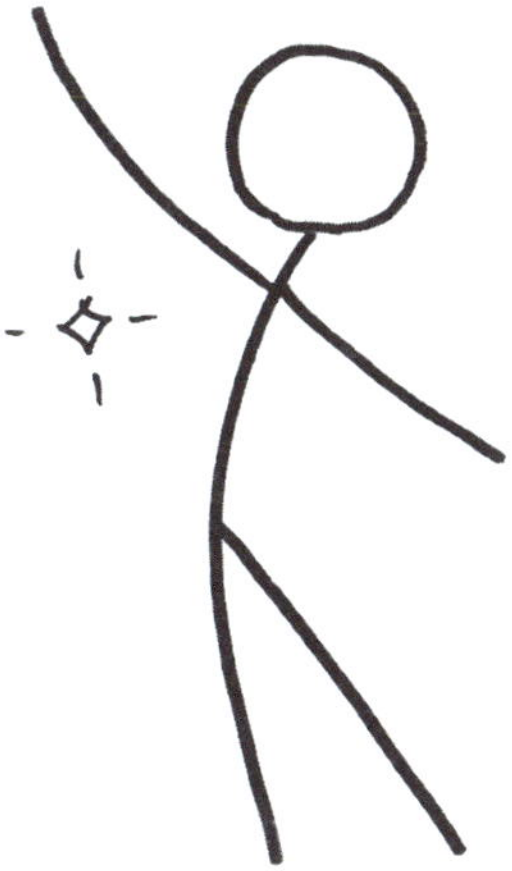

スーパースター
歓喜のポーズ

私を見て!

## 感情を体で表現する

腕組み
許さん
それは許さんど
頭をガリガリしてそう
あったまくんなー
ヒステリー
キーッ!
相当きてますね
あーっ!
だんだんだん!

**怒り**のポーズは脱力していない。体は緊張して力が入っている

# 不真面目、愉快

落ち着きのない小さな動き
姿勢の悪さ
カクカク動く
文字をそえるなら楷書ではない

# カワイイ

腕は
広げません

カワイイは
枕詞です

若い女性は
群れがち

**若い女性がカワイイ！と口にするときのポーズ**
**彼女たちの気分を表しているだけで「女の子の可愛い姿」ではない**

楽しいと
跳ねます

**つまり幼児体型**

**棒人間でカワイイ**
**女の子を表現したいなら**
**頭を大きく描こう**

## セクシー

**バストとヒップを突き出す、肩や腰の片側を極端に下げる。
実際にポーズをとるのはかなりキツい**

## 勤勉な

さらに！
Kawaii は世界に広まった日本語です。定義は広くなっていますが、王道の「かわいい」はセオリーがあり、それに従えば、基本の「かわいい顔」は誰でも描くことができます。

151ページ参照

## 当たり前のことを特別に！

ごくありふれた日常を
絵に起こすと、わかるわかる！とか
実は私も！などと共感を得られます。
特別なことより、心のありようを
素直に映した棒人間は、
多くの人の心に届きます

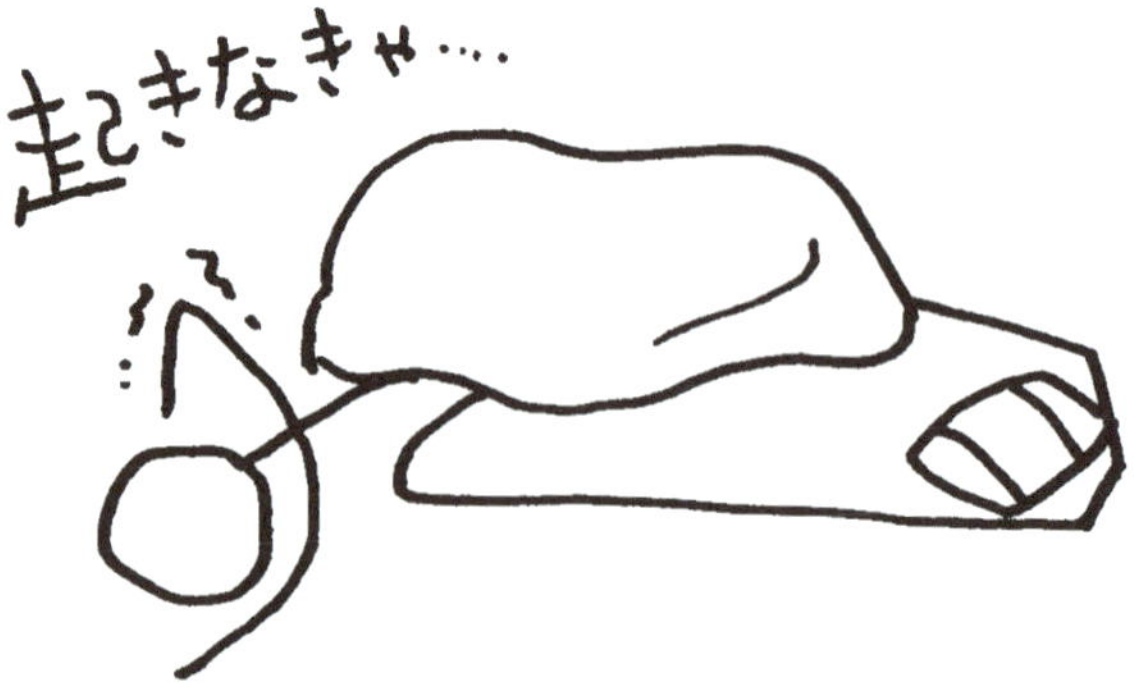

## 感情

様々な気分

目は覚めたが
泥のように体が重い

この絵を見る人にとってはおそらく
面白い姿として映るでしょうが、
棒人間の気分は下がっています。
当然背中は丸くなっています

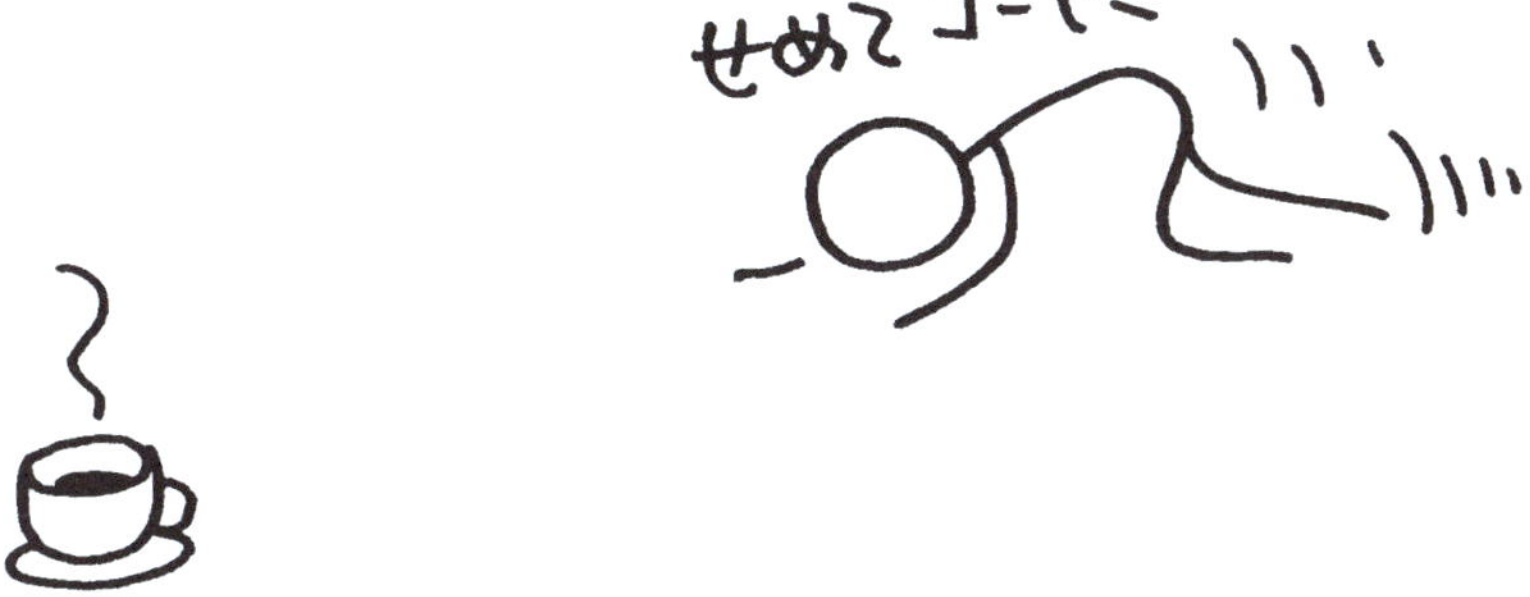


ダメな日常も、絵に起こすと楽しいものです

## 朝のイメージを絵にすると…

**うーん、よく寝た！**

ホントに？

バンザイする？

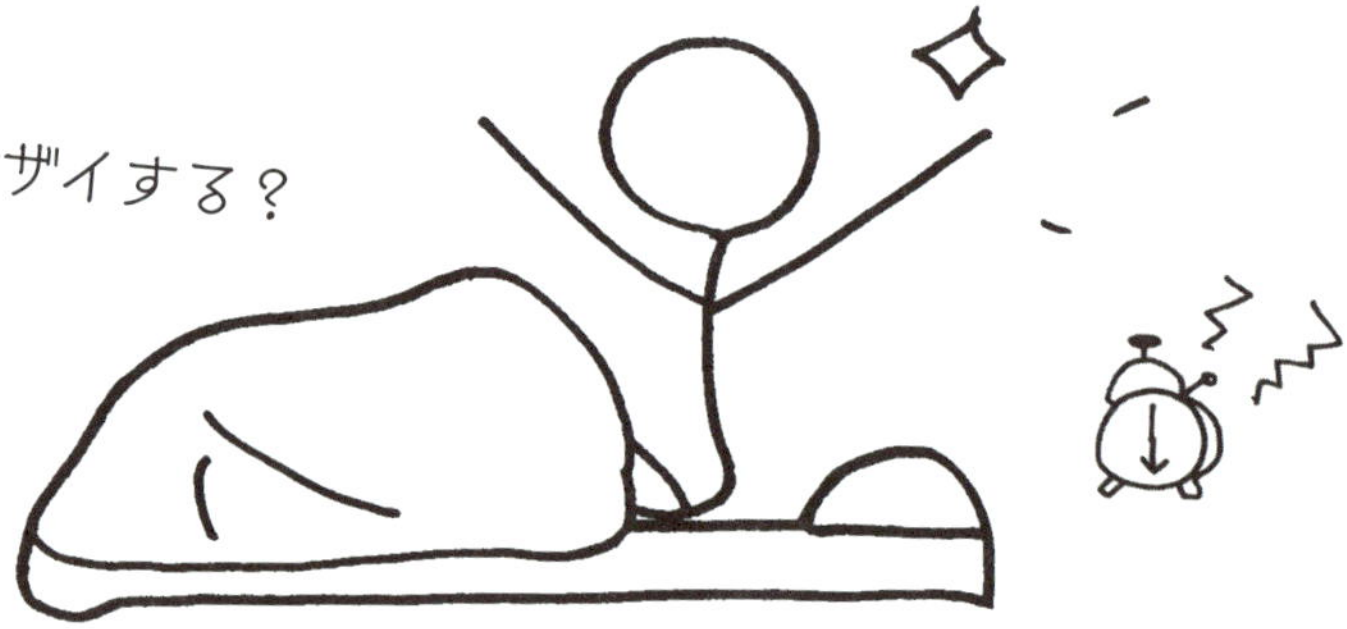

**なんて素敵な朝！**

ホントに？

ＣＭで見る朝のイメージ

# 現実はどうだろう…？

**眠い
腰が痛い
何時だ？
飲みすぎた
ここどこ？
もっと寝ていたい
あれ？雨だ
なんで月曜日なんだ
しまった遅刻だ
布団から出たくない**

スッキリな朝も
もちろんあるよ♪

コマーシャルで提供される
理想の生活や笑顔が
刷り込まれていませんか？
現実の感情や生活に
目を向けてみましょう

# 6章

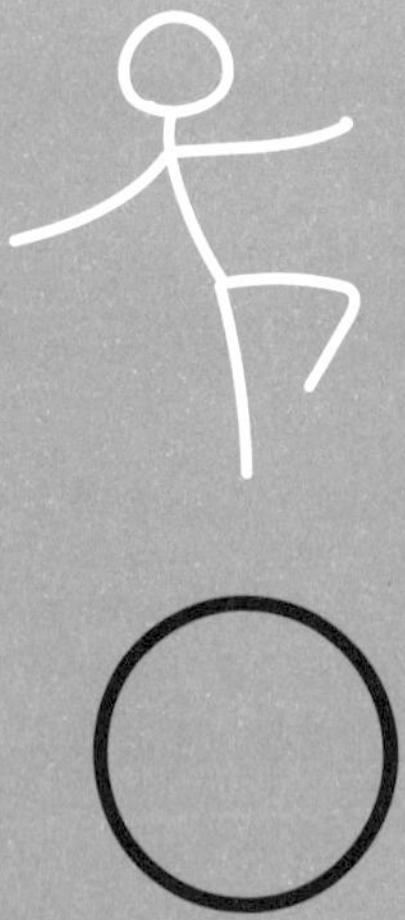

# 進化

棒を使う
丸を使う
四角を使う

# 棒人間

＋

## 棒　丸　四角

この3点の使い方と
応用を学びましょう

# 進化

幼児の見立て遊び
いわゆるままごとや電車ごっこ
棒、丸、四角は
想像力と少しの工夫で
あらゆるものに変身します

落語家が扇子《せんす》を
箸に見立てて蕎麦《そば》をすする。
煙草、筆、傘、お銚子。
棒人間も1本の棒を持てば
あらゆることが飛躍的に
できるようになります

# 棒を持つと進化する！

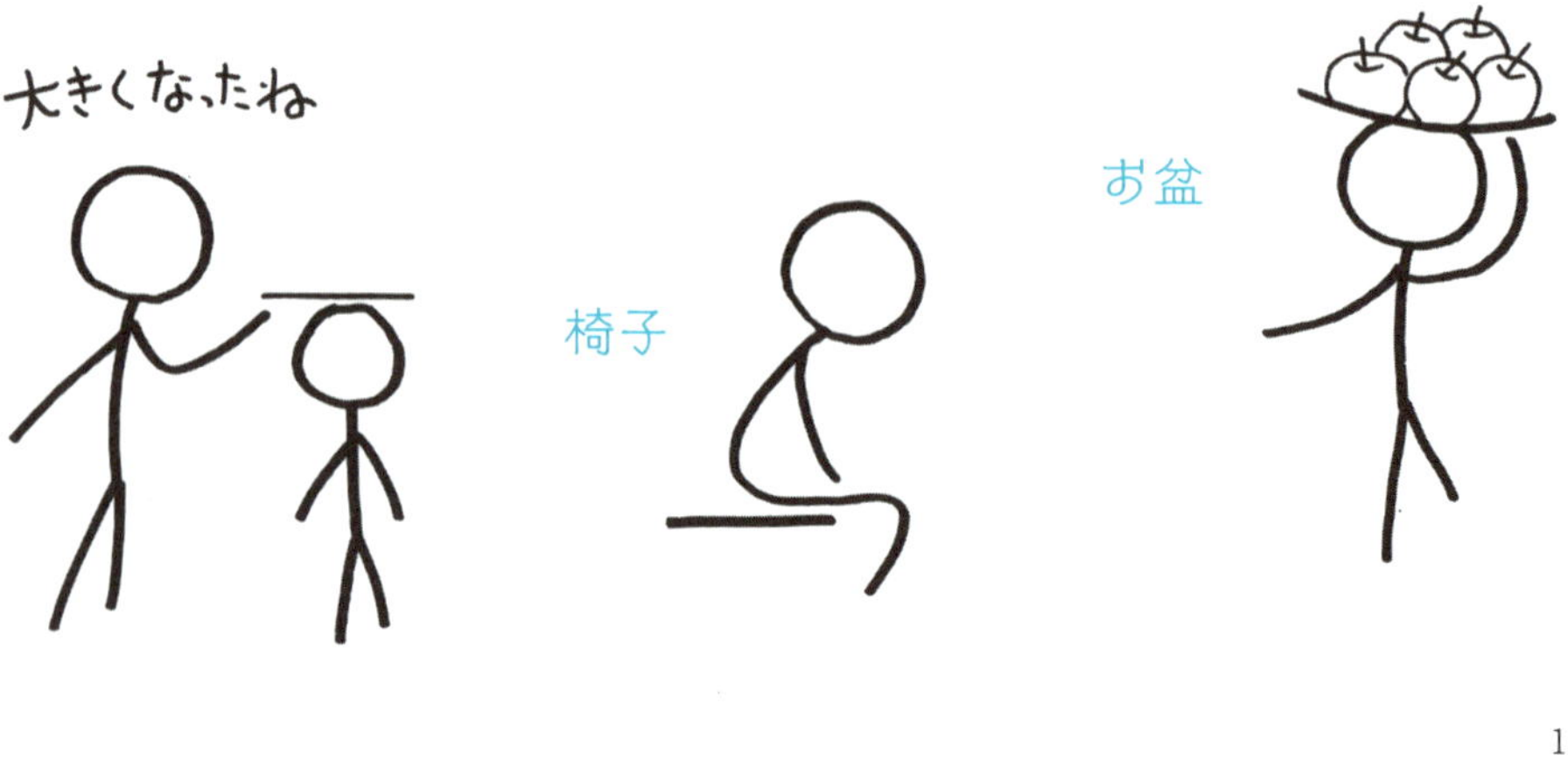

# 進化

棒を使う

太鼓のバチ／長短の刀

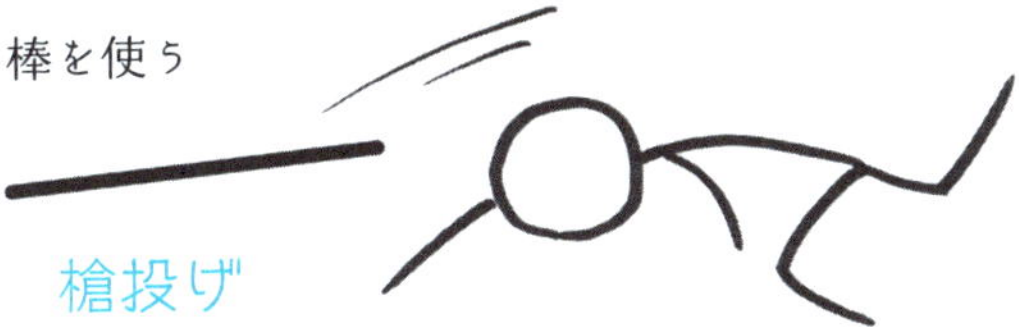

槍投げ

棒高跳び

釣り竿

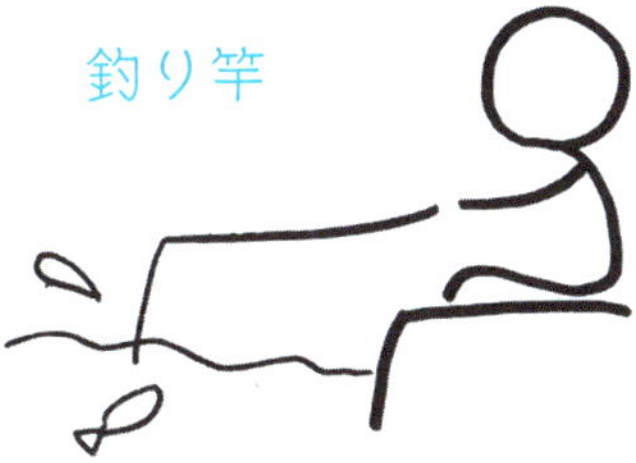

スノボ

フェンシング

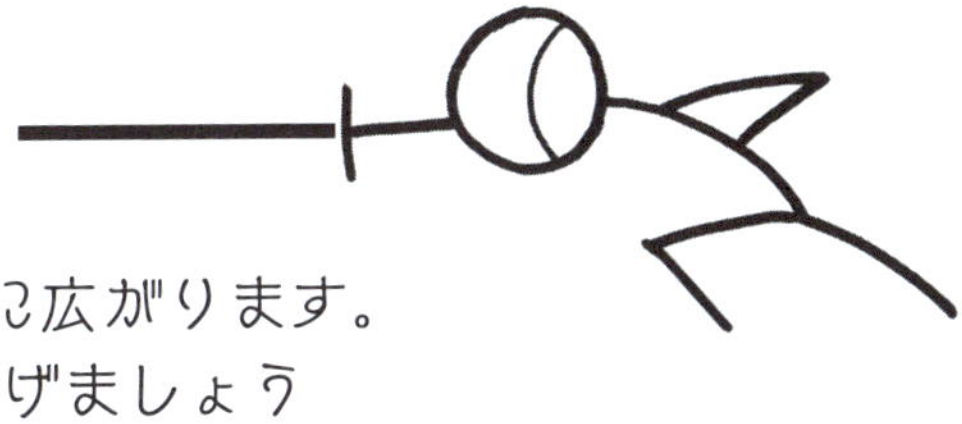

1本の棒で表現の幅が一気に広がります。
丸や四角も使ってさらに広げましょう

# 丸でさらに進化！

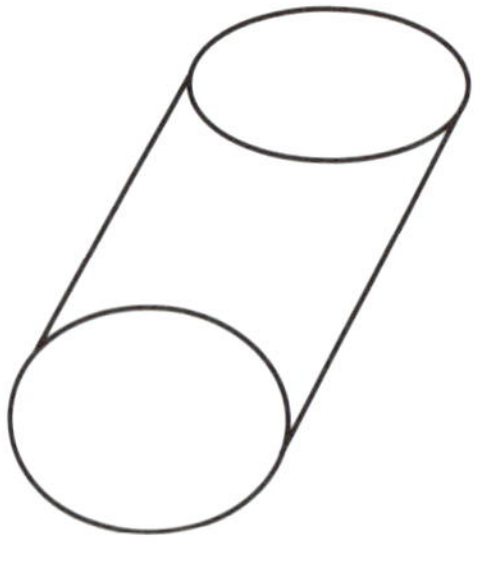

太陽、月、虹、水の泡、年輪、風船、ボール、お金、時計、輪ゴム、りんご…有機体から人工物まで、丸で描けるものはたくさんあります。
２つの丸を線で結ぶと、立体に見えます

# 進化

丸を使う

## コラム 自信その1

# 課題　人前で描けるようになる

また描こう！と思うモチベーションをあげるためには、
認めてもらうことも大事です。
いいね！の言葉をもらって少しずつ自信をつけていきましょう。
必ず数回は描く練習が必要ですが、この葡萄《ぶどう》の線画は
極めて簡単で劇的にうまく見せることができます。
学校や宴席、会議の休憩中、またSNSの記事などでも、
うまい！と言われる側になることがこのコラムの目標です

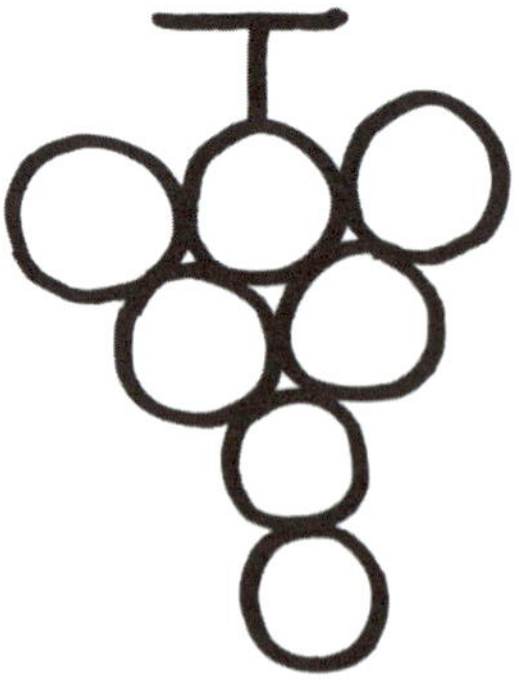

丸を重ねずに描くと
2次元なまま

丸を重ねればこの通り。
重さを感じるような葡萄を描こう！

←描き方は次ページで！

コラム

# 自信その2

## 秘密の特訓〜いきなりうまくなる！〜

ひとつのマルに

上下左右、ランダムにマルを
少しずつ重ねて付け足していく

外側に向かうマルは
半円や曲線だけ

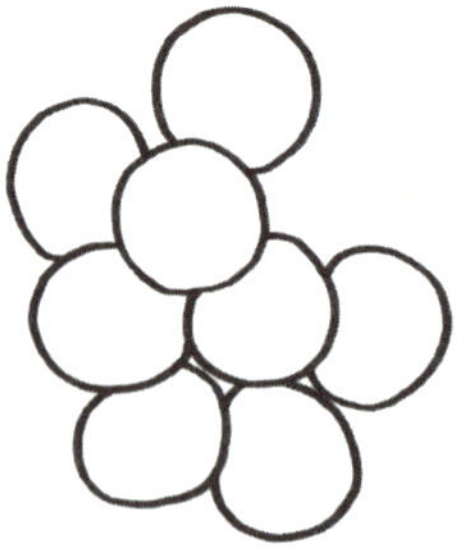

ここで使う３つのカタチ

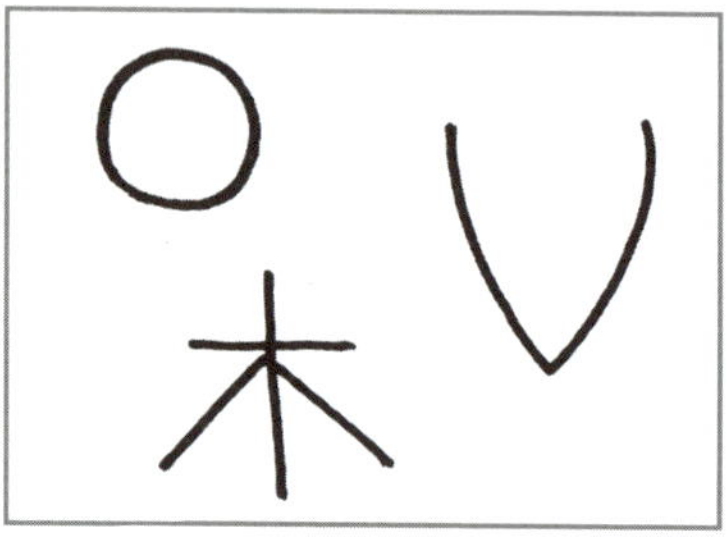


**葉の描き方**

木という漢字に先の尖《とが》ったＵの字をつける

線と線をつなぎます。
葉は葡萄の近くに添えます

## 絵ではなく「漢字として」
## 書き慣れてしまうのもひとつの手です

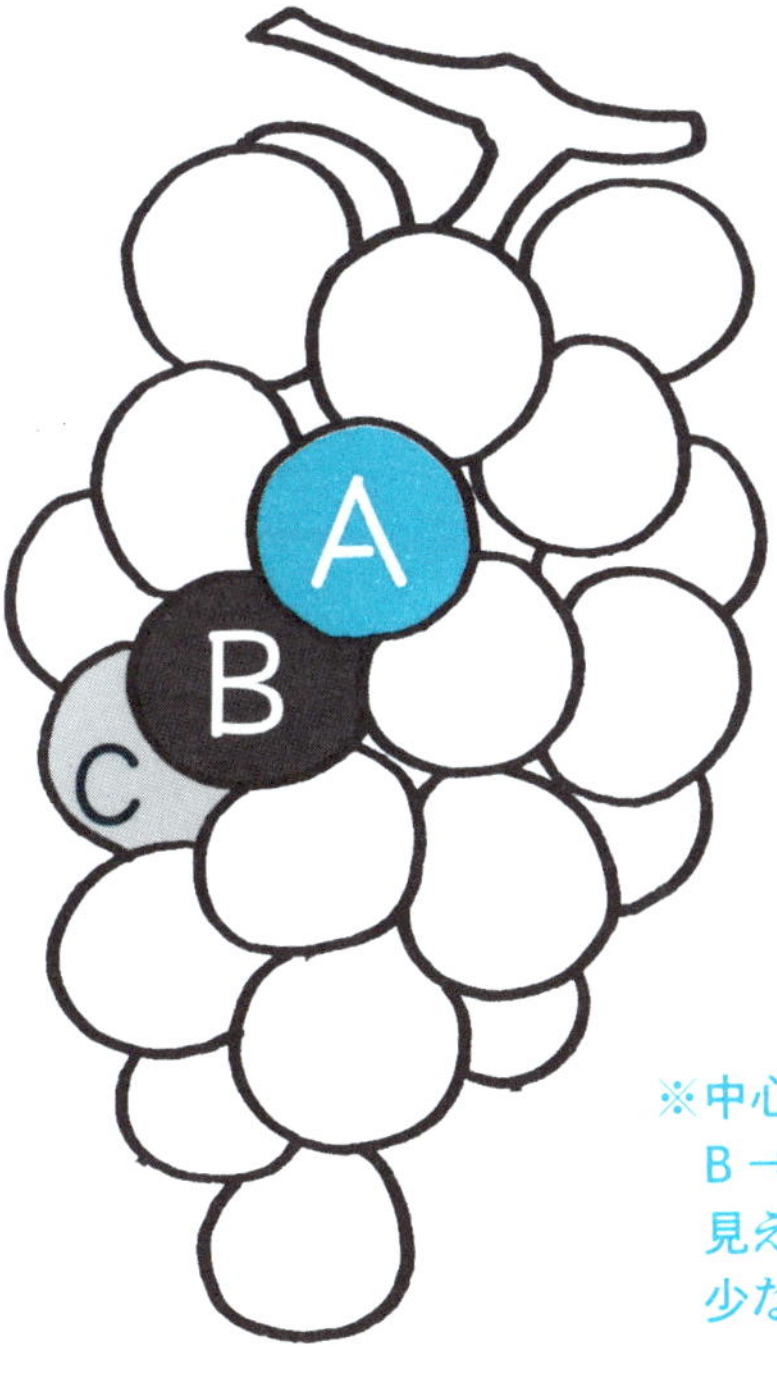


※中心部分Aは正円
B→Cに向かうほど
見える部分が
少なくなります

上手に描くための理屈は簡単ですが、滑らかな線のマルをつなげて描けるようになるためには練習が必要です。

地味ですが、「上手い」と「下手」の大きな溝が埋まります。

# 四角でさらに進化！

丸に対して四角は人工物です。
横に並べる、垂直に重ねる、縦にずらして重ねる。
四角の中に四角、正方形、長方形を扱うことで、
描くバリエーションは飛躍的に増えます。

**問題**

**左ページの棒人間と四角を組み合わせた絵について、それぞれの四角が何を表しているか考えてください。**

1本の棒＋四角
＝ホワイトボード

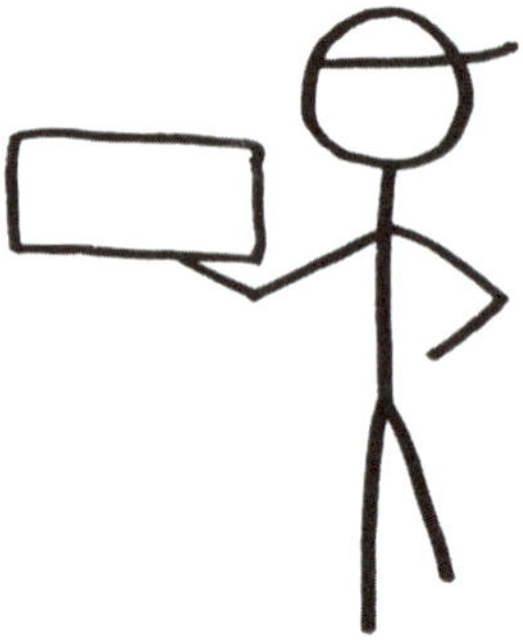

横長の四角＋キャップ
＝ピザデリバリー

## 進化

四角を使う

**解答例**　絵日記もこれでバッチリ！

スマホをいじり

うたたねをして

眠った

風呂に入り

四角は都会のビル群にもなります。
スーツケースを持ったビジネスマンも簡単に表現できます。
組み合わせによって話がどんどん膨らみます

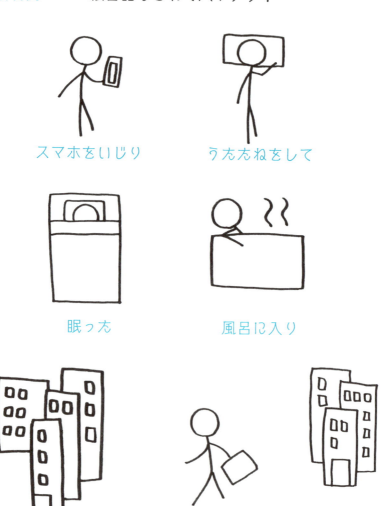

進化

## 道具にも建物にも心境や状態にも使える便利な四角

四角を使う

重ねた箱をぐらぐらさせると心の不安定を表し、
少し描き加えればダンボールへと変化

昇進、出世していくイメージの図。
ただ階段を昇るだけなら矢印は不要です

# 7章

# 区別

年齢
性別
所属

# いろいろな人

年齢、性別、職種
棒人間で人を区別して表現するには
どうしたらいいでしょうか。

描き方を知り、それを使うにあたっては
差別の表現が含まれていないか
誰かに不利益が生じないか に
気を遣いましょう。

職業：デリバリー配達員

# 区別

区分けのしかた

赤ちゃんが使う道具は哺乳瓶
園児が使う道具は？
小学生が使う道具は？
学生、社会人、老人
それぞれの年齢ステージで
使うことの多い道具は何だろう？

ほかにも
体の大きさの差は？
歩き方は？

思いついたことを
書き出してみよう！

※区別を思いつく！この練習は、描く手助けになります

# 年齢別の描き分け1

## 赤ちゃんから園児まで

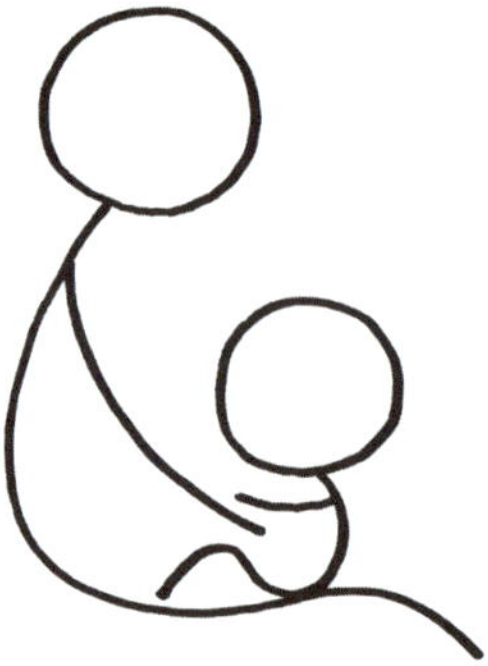

保育者とセットで描けば
赤ちゃんや幼児だとわかる

哺乳瓶は必須アイテム

頭と体の大きさを
1：1程度に

手は短い

がにまた

区別

年齢

## 乳児

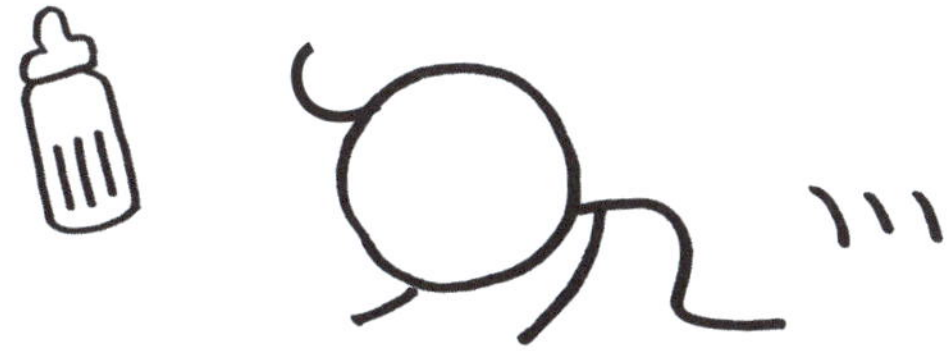

## 幼児

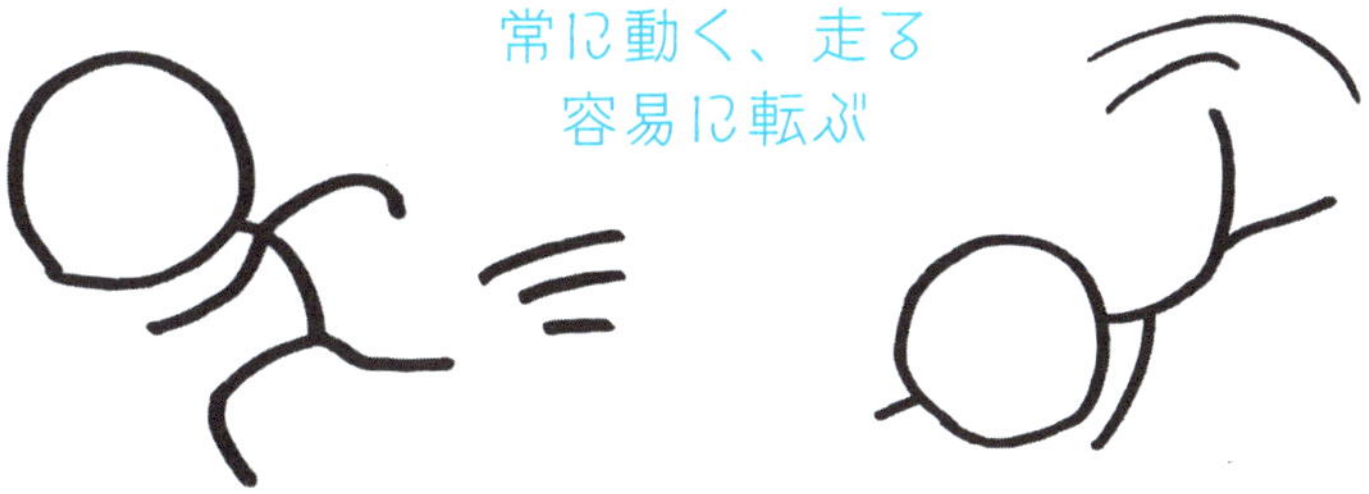
常に動く、走る
容易に転ぶ

## 園児

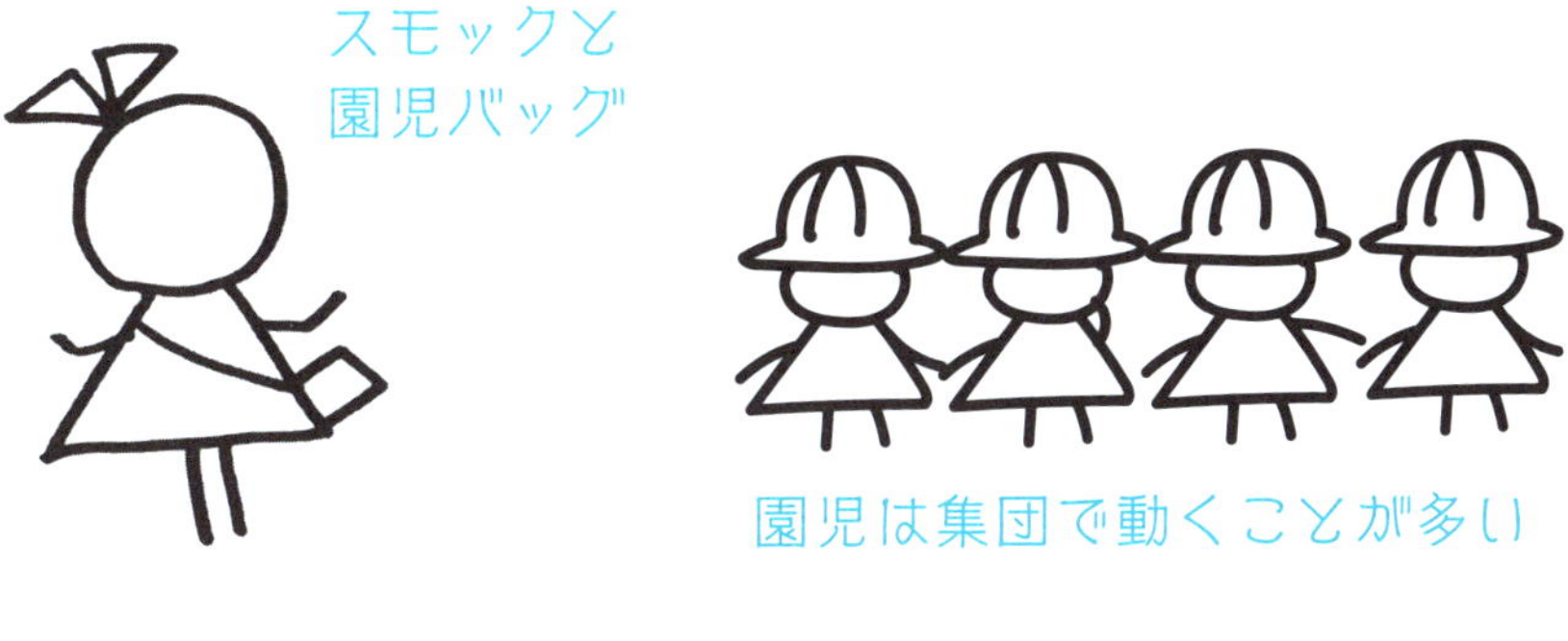
スモックと
園児バッグ
園児は集団で動くことが多い

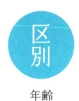

# 年齢別の描き分け2

## 小学生

ランドセルの四角シルエットを
背中に描くだけで
小学生とわかる。3頭身くらい

## 中学生・高校生

身長と頭身は大人とほぼ同じ

制服と学生カバン

## 区別

年齢

# お年寄り

背中と膝が曲がる→頭が前に。
バランスの悪さを補うために杖が必要

顔のシワは目の下か
口の横に入れる

**☆ポイント**

**ほとんどの人（特に女性）は
美しく描いてもらいたいと思っています。
お年寄りを表現する際に顔の皺《しわ》やたるみを
たくさん描き入れた絵を見て
好ましく思うご年配の方はいません。
顔を描く場合は、小さなシワを１～２本
入れるだけで十分です**

# 年齢別の描き分け3

## 年齢を重ねると

顔の形は横長の「だ円」から縦長の「だ円」に輪郭を変える

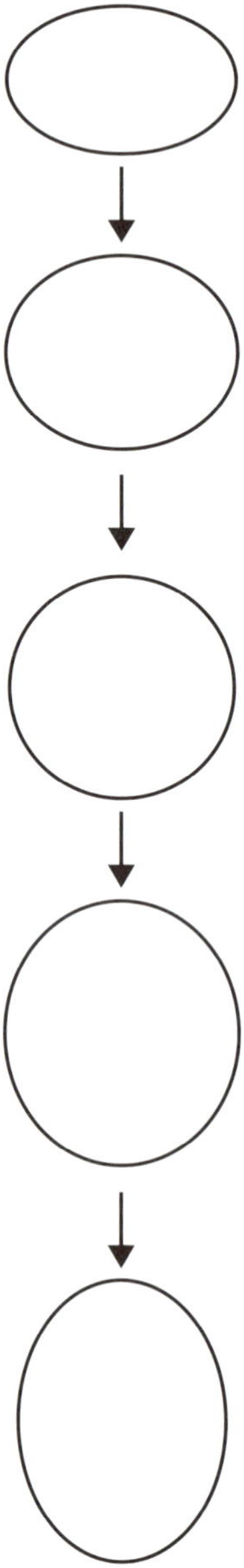

年齢が上がると口角は下がっていく

完璧な線対称な形は
自然界にはありません。
縦長、横長を意識して
描ければOK

区別

年齢

# 王道の「かわいい顔」

## キャラクターグッズに多く見られるバランスです

手描きは線のブレや歪みがある

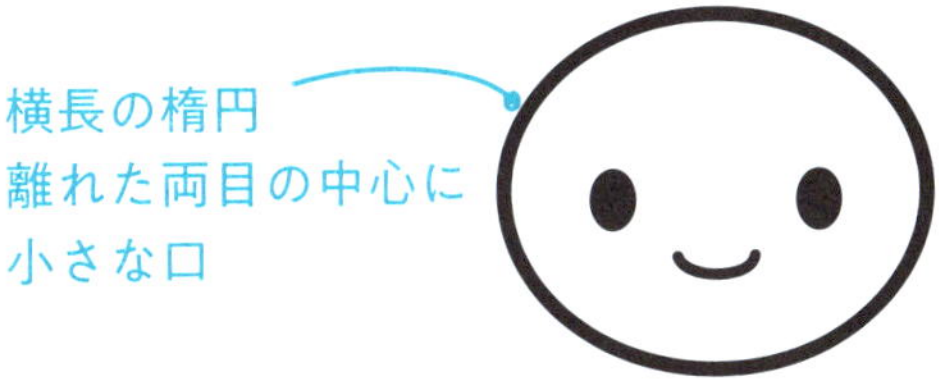
横長の楕円
離れた両目の中心に
小さな口

PC なら顔は線対称に作れる

PC で描いた顔と
手描きの顔
どちらが好きですか？

顔の形は
だれでも
ちょっとは
ゆがんでいます

素朴な可愛らしさや
温かさは、
完璧な線や
カタチの中には
宿りません

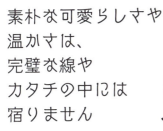

# 性別を区別する必要があるときは

男女の区別が必要な場所は
トイレ、浴室、更衣室などがあります。
描く必要がある時は共通認識を利用します

1　色分け。女性が赤、男性は青というイメージ
2　体形のシルエットが違う。女性はバストと腰が大きく見える
3　ポーズが違う。男性は足を開き、女性は閉じている
4　服のデザインが違う。女性はスカート、男性はスラックス

上の１～４の特徴のうち、ひとつだけでも取り入れれば
男女の区別ができます。

男性のイメージ

女性のイメージ

1964年の東京オリンピックでは
女性トイレに赤、男性トイレに青が採用されました。
今ではジェンダーニュートラルな
トイレも広まっています

# 区別

性別

ポーズで

ヘアスタイルで

帽子や小物で

座り方で

歩き方で

胸を反らして「がにまた」で
歩く女性は少ない

身長差で

## 世代別の女性の顔を描いてみよう

男性と比べると髪の量が多い。幼児期の男女差は少ないのでリボンなどの装飾品をつけて区別しやすく

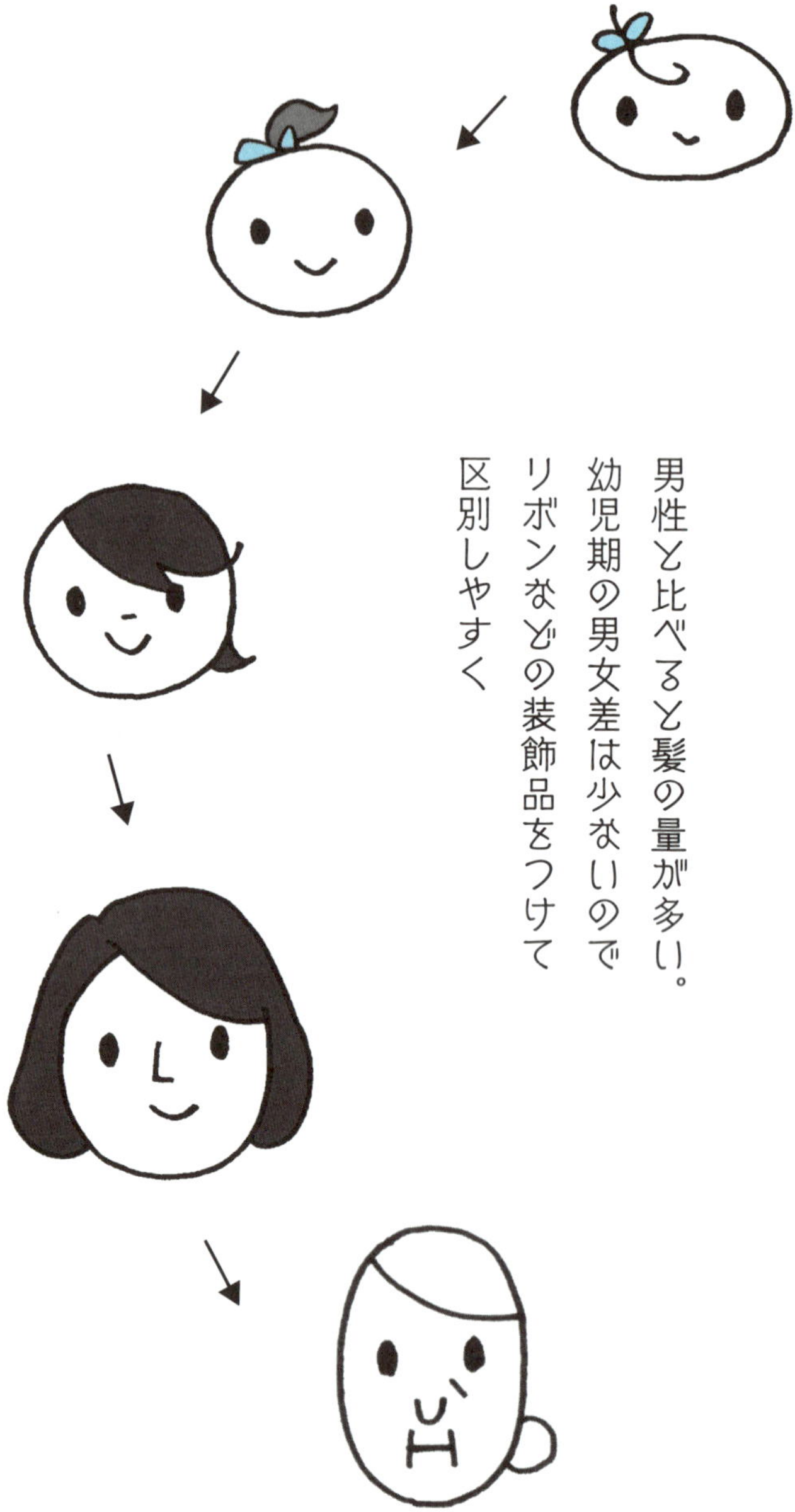

区別

性別

# 世代別の男性の顔を描いてみよう

女性の鼻は小さな「く」をのせるくらいのイメージ。男性の顔の形および鼻の形は「長方形」に近い

成人男性は
毛質が濃く太い。
顎《あご》ががっしり

# 職種や所属を区別するときは

頭に被る帽子やヘアスタイルで
性別、年齢、職業、趣味、国籍、宗教、
民族、季節、時代を表すことができます

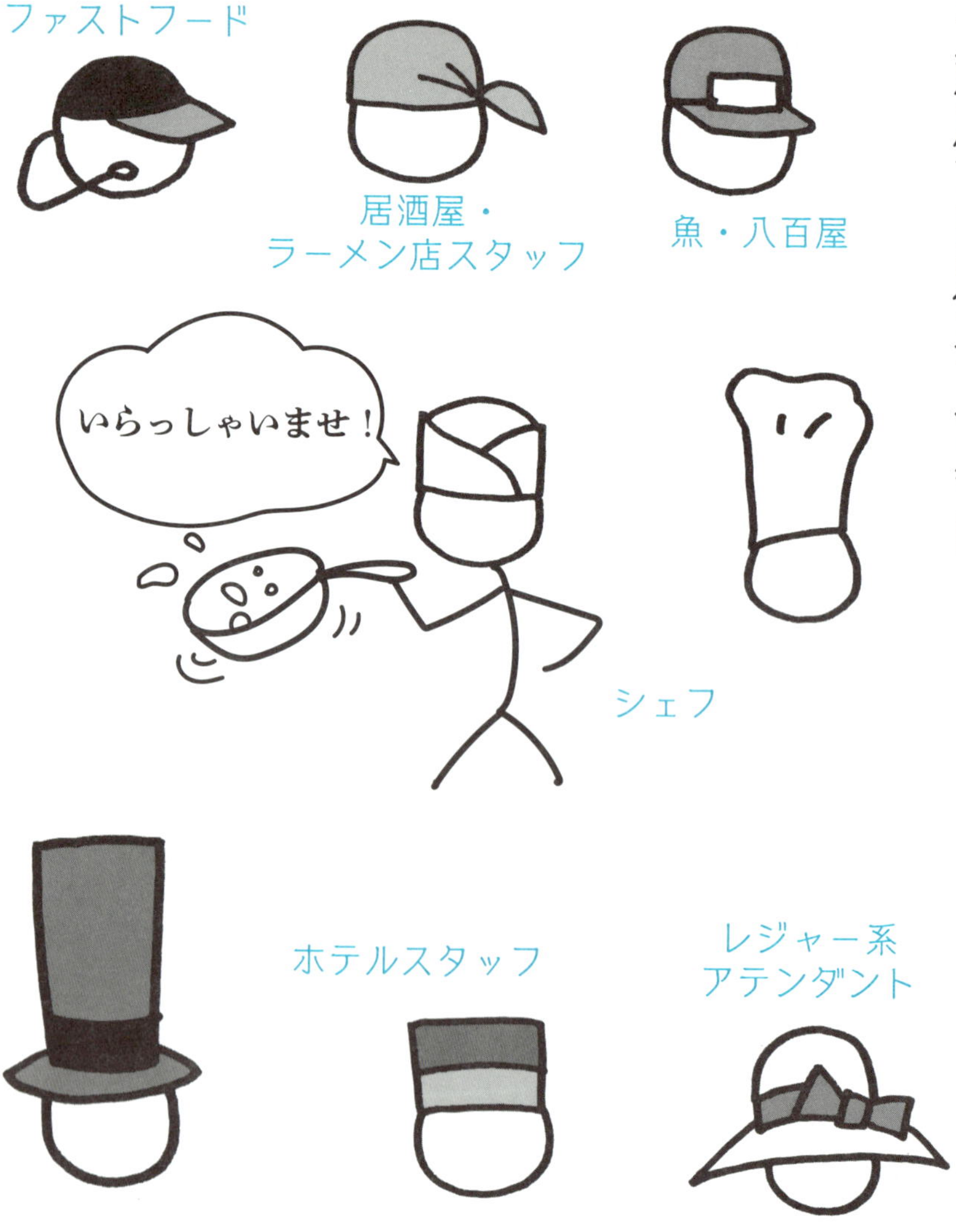
ファストフード
居酒屋・
ラーメン店スタッフ
魚・八百屋
いらっしゃいませ！
シェフ
ホテルスタッフ
レジャー系
アテンダント

# 区別

所属

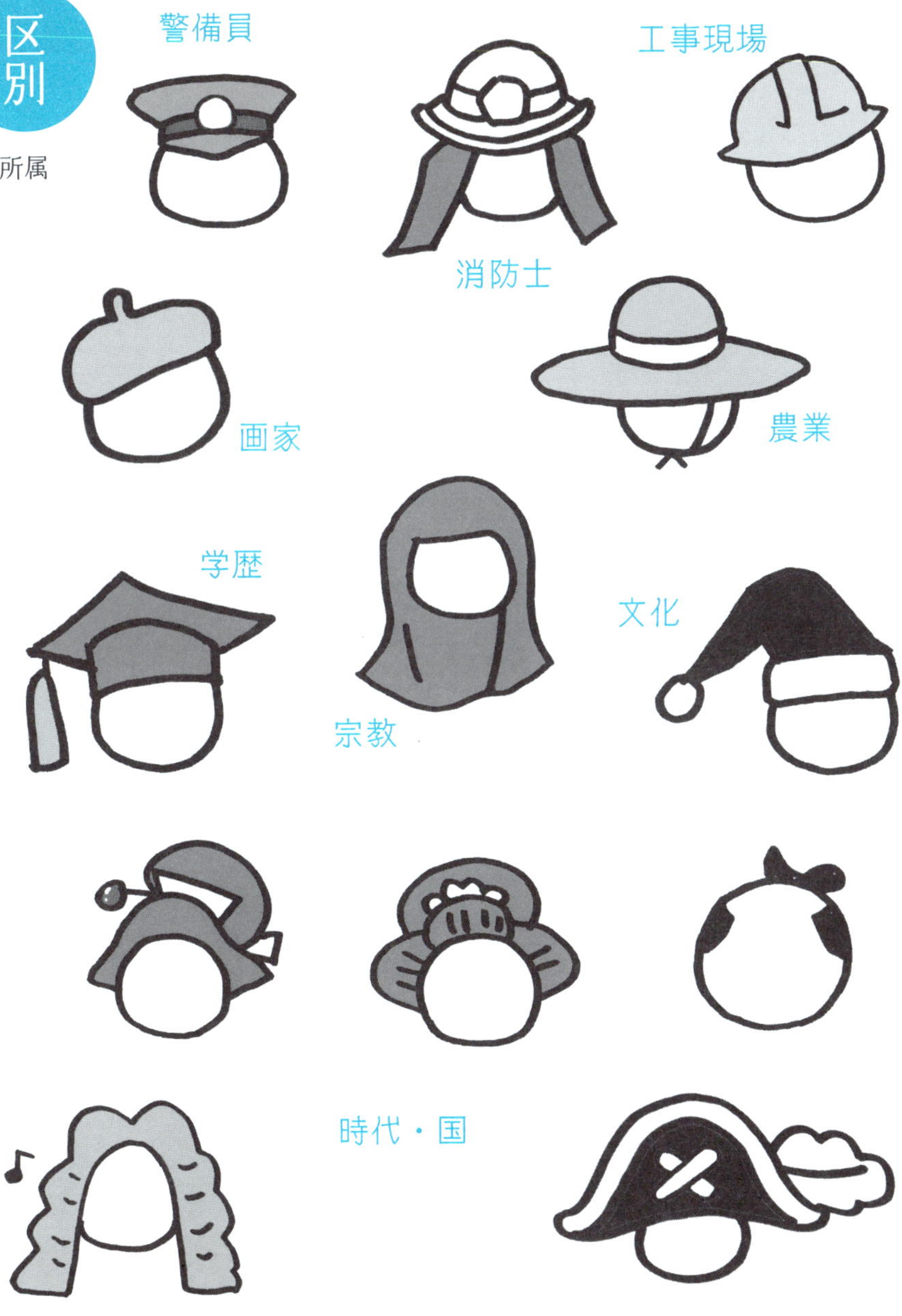

# 8章

# 遠近

前後の距離
物理と心理
3次元へ

## 距離の表し方を学ぼう

巨人が山の上で手を
振っているように見えます。
前後に距離があるなら
遠くにいる人物は
小さく描かなければいけません

# 遠近

前後の距離

奥にいる人物は
かなり思い切って
小さく描きましょう。
「大きいほうが前だ」と
知覚されます

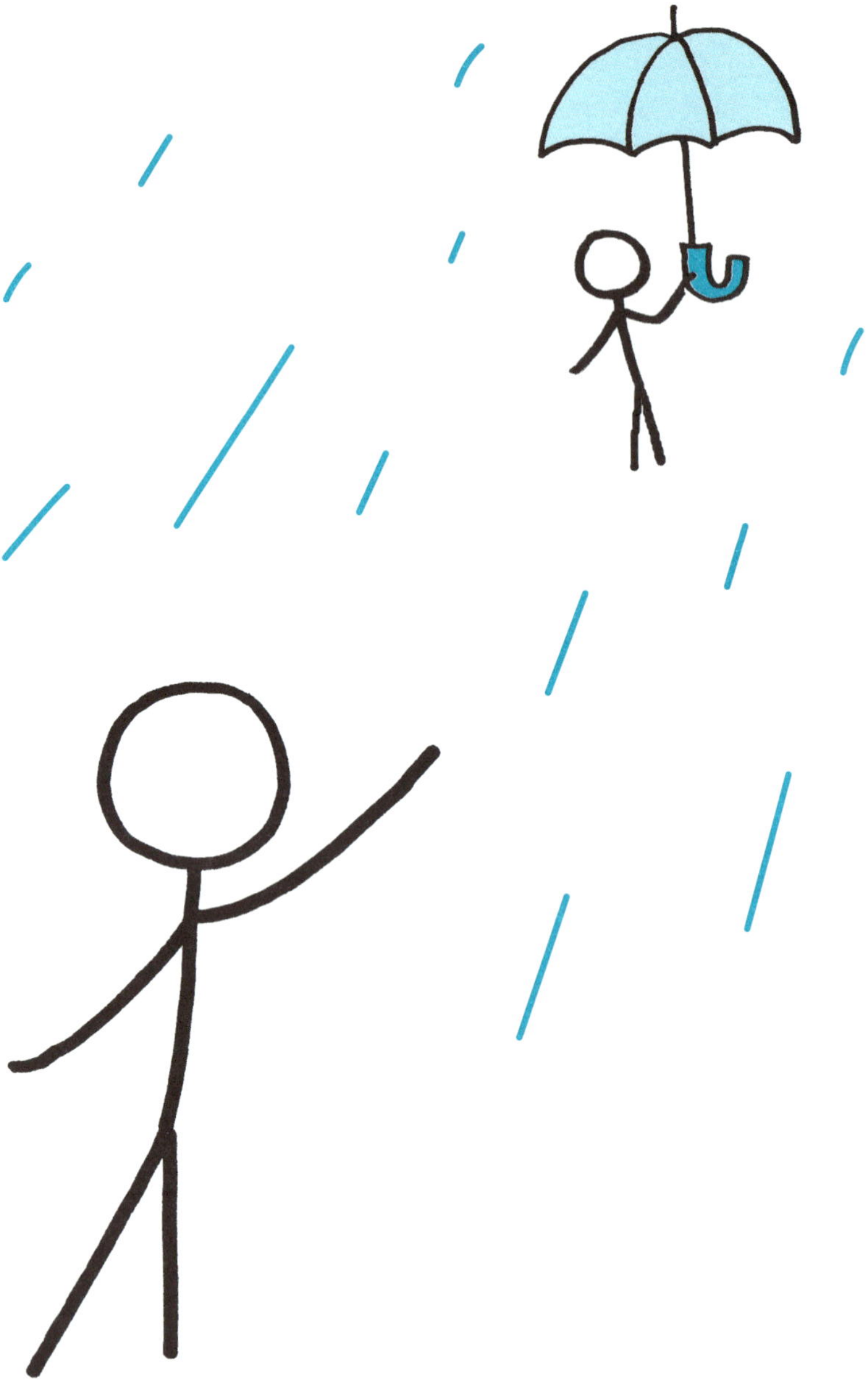

# 遠近

物理と心理

アイテムを少し足すことで
物理的な距離だけでなく
心理的な距離も表すことが
できます

# 2次元から3次元へ

室内にいる棒人間を
描くには
どうしたらいいでしょう？

現実の空間は3次元です。
このページで
その描き方を学びましょう

マスの中にいる棒人間が
立っているのか
寝ているのかわかりません

紙の上に壁と床を作るのは意外と簡単です。
ヨコ タテ ナナメの線が1本ずつあればOK!

1本横棒があれば
地面に立っているのがわかります

コツは、斜めの線を最低1本は入れること

こうすれば立体的に見える!

さらに縦と斜めの線が
あれば室内にいるように見えます

## 試してみよう！

四角枠の中にヨコ タテ ナナメの線を適当に引こう。
ただし！線と線は必ず他の線とつながっていること。

3次元の世界に必要な3種の線を使いこなそう！

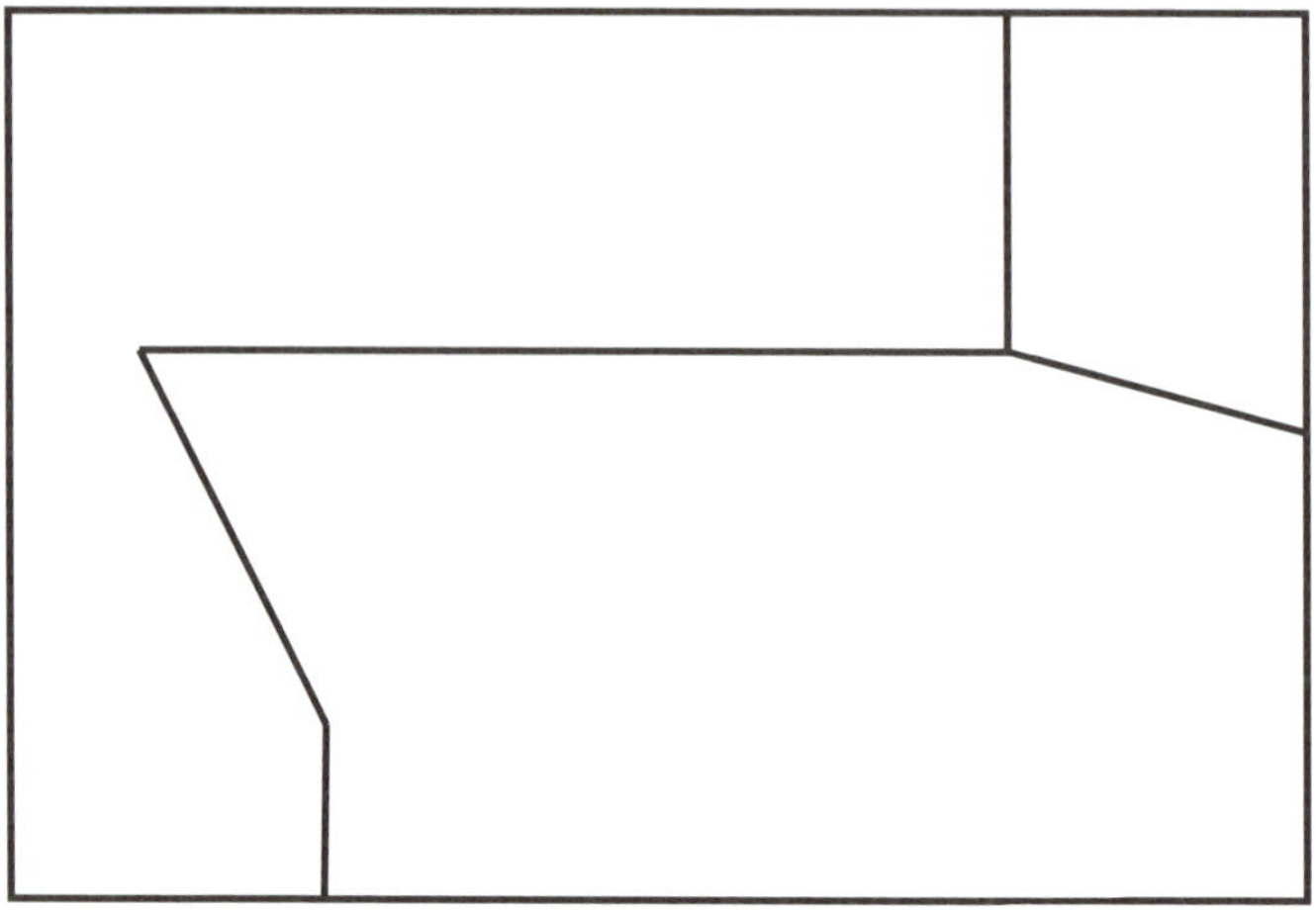

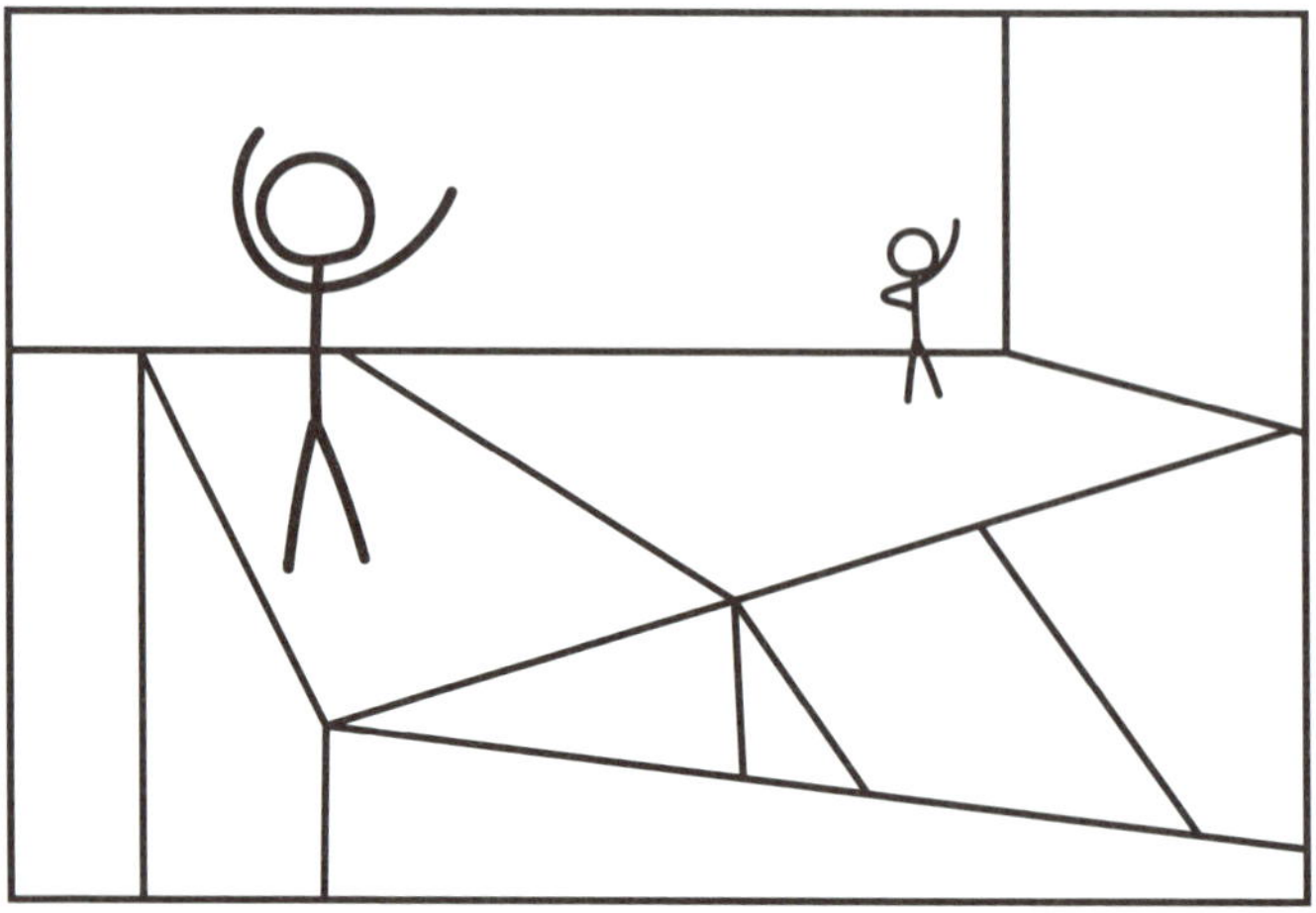

**大小の棒人間を配置すると、奥行きのある複雑な世界を作ることができます**

# 遠近

3次元へ

たった数本の線で、世界が変わる！

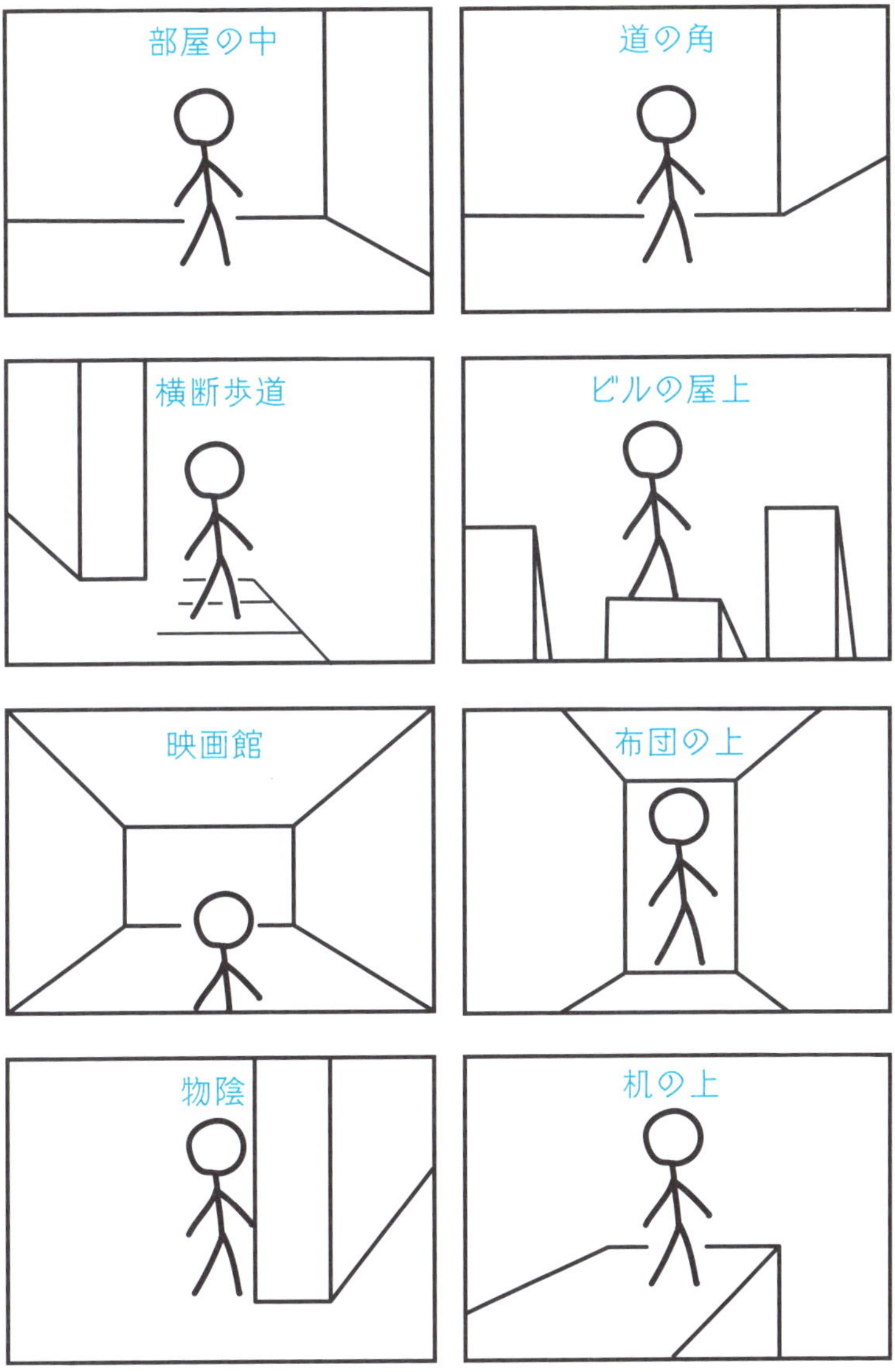

部屋の中
道の角
横断歩道
ビルの屋上
映画館
布団の上
物陰
机の上

# 9章

# 漫画

単数から複数
単語から文章
文章から漫画

# ＋《プラス》アイテムをのせて物語を

＋《プラス》アイテムで
ドラマになります。
具体的な状況を
説明できるように
なりましょう

1本の座敷ほうきは
掃除の道具
しかし壁に
逆さに立てかけると…

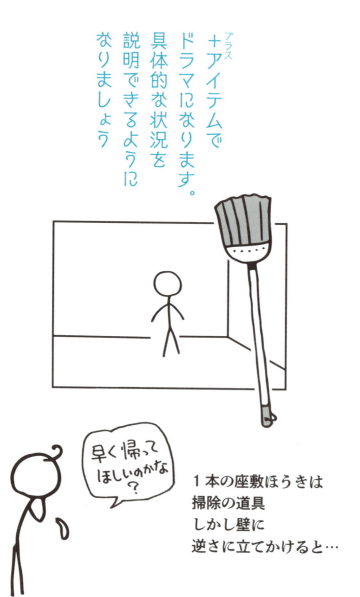

# 展開

単数から複数

**月は夜　太陽は日中を表すことができます。**

**ひとつのワイングラスだけでは**
**食器としての意味しか持ちませんが、**
**背景やアイテムどうしを組み合わせると**
**意味が生まれ、説明できることが増えていきます**

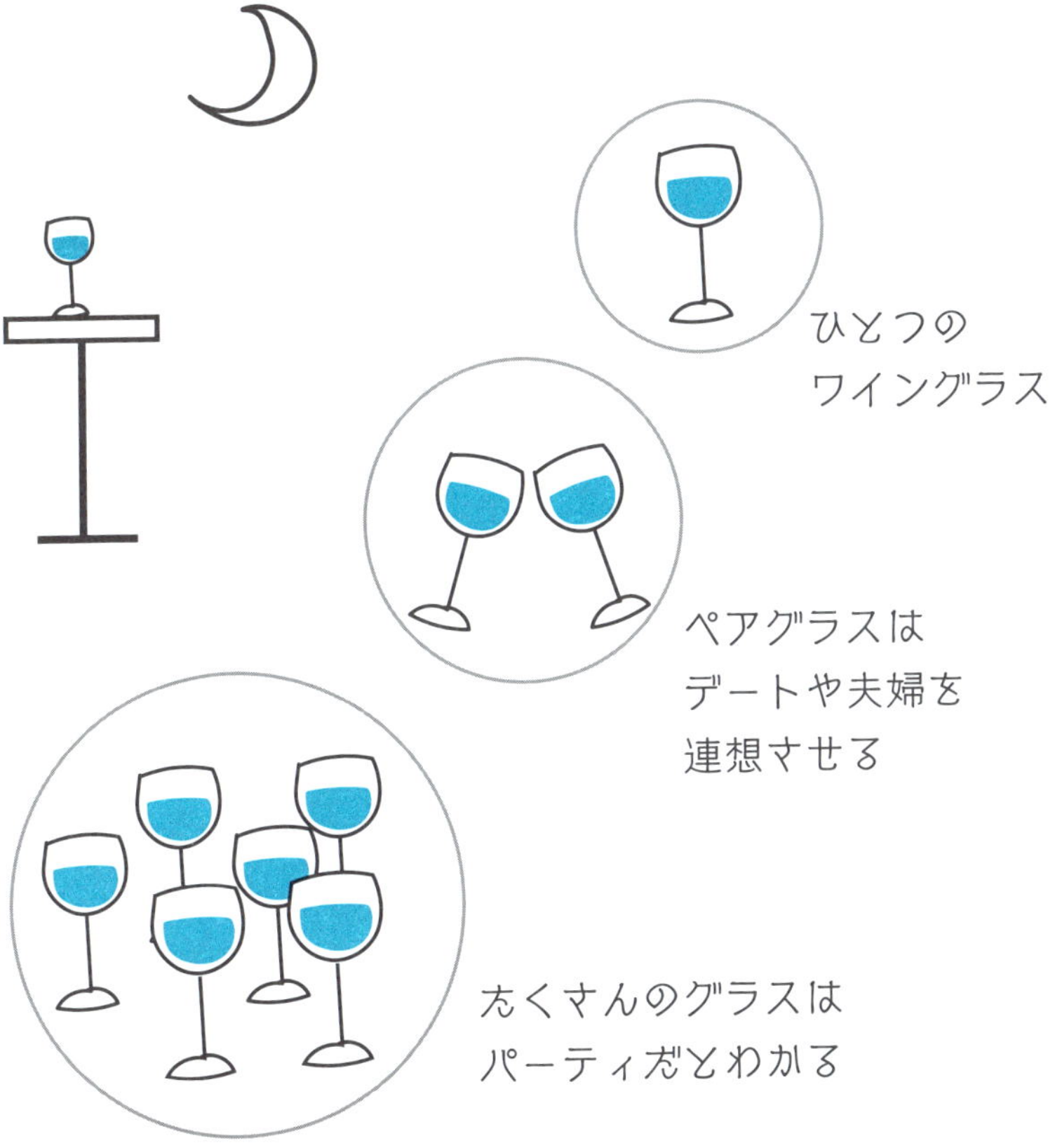
ひとつの
ワイングラス
ペアグラスは
デートや夫婦を
連想させる
たくさんのグラスは
パーティだとわかる

## 単語から文章へ

名詞と名詞をつなげると1コマ漫画に！

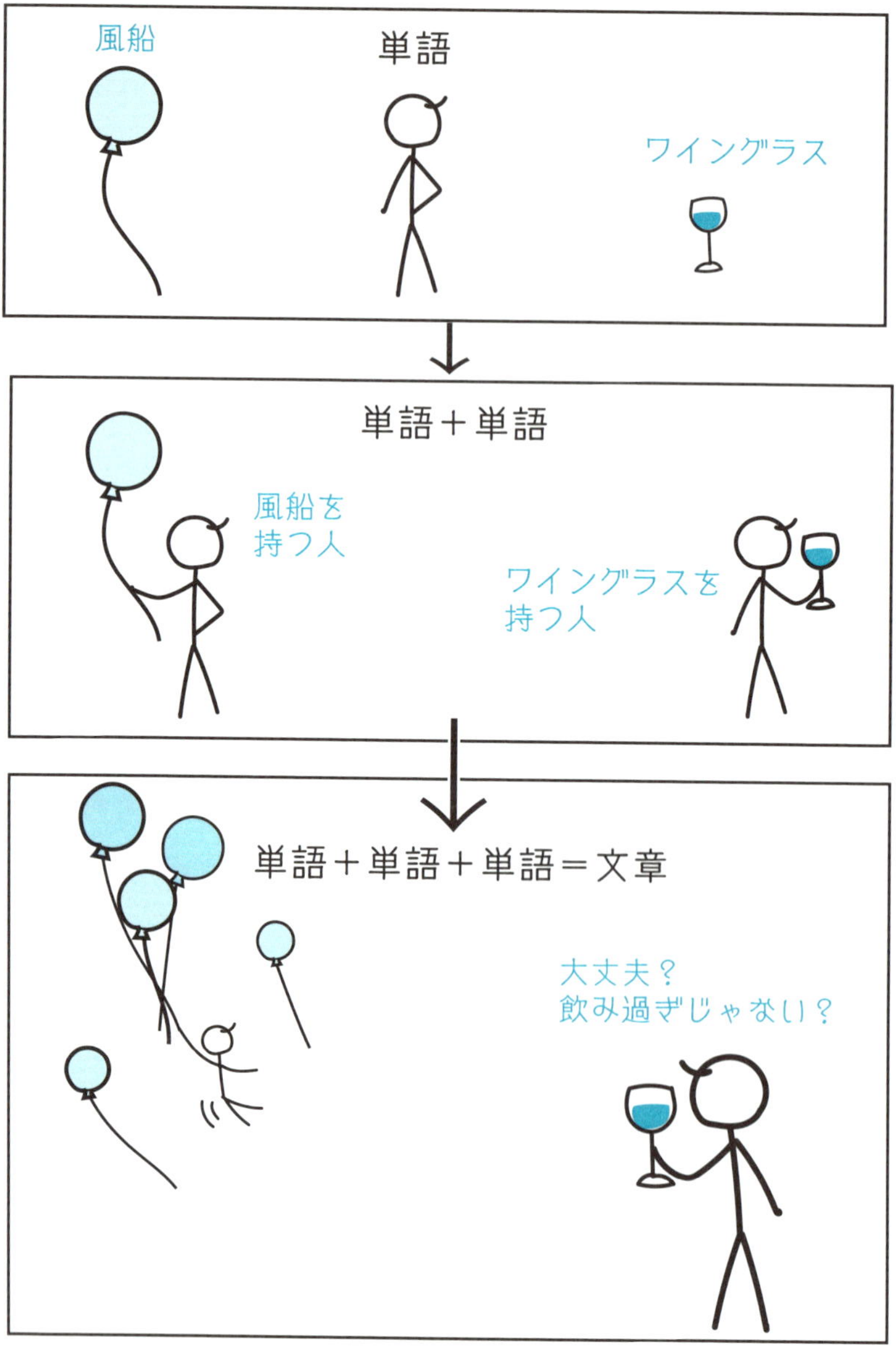

アイテムのバリエーションを少しずつ変化させれば
時間の経過を表すことができます

個人ブログならマンガ家デビューも今日から果たせます

## 文章から漫画へ

まだまだヘタだから、と思う人こそ
4コママンガを描こう！

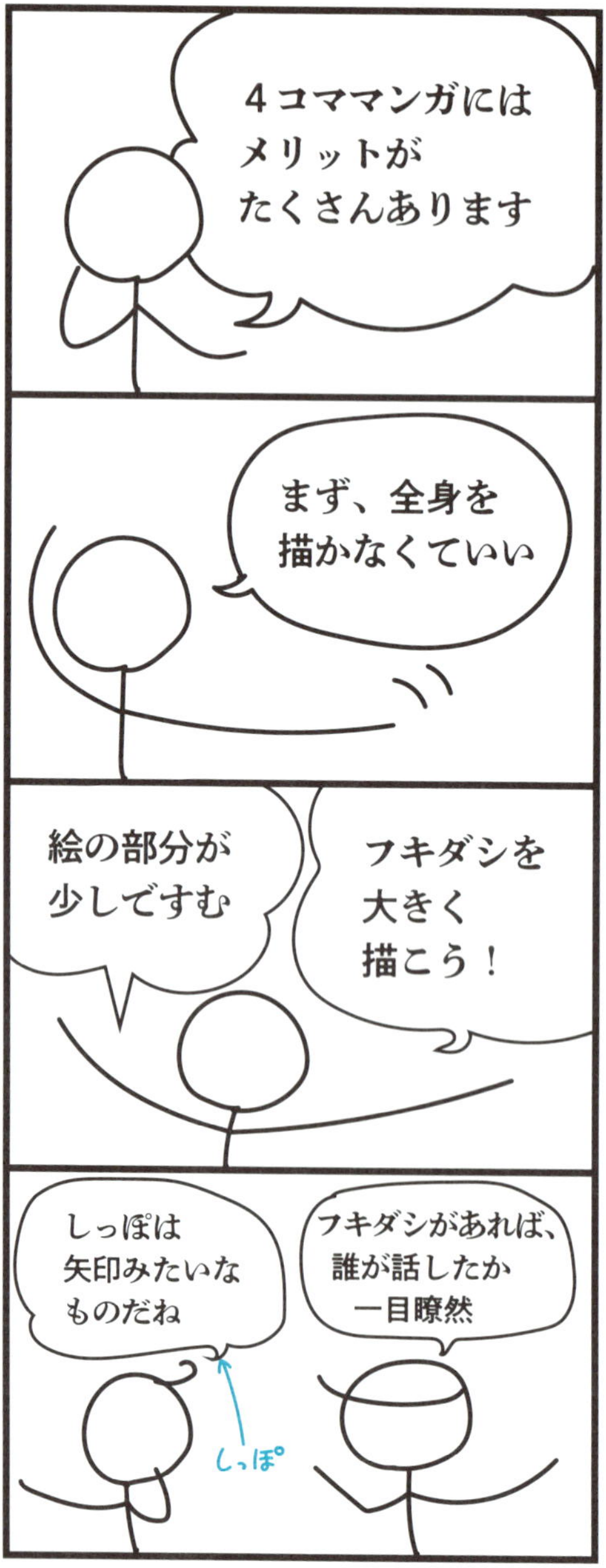


二人いれば
会話形式で話の展開が可能

## 漫画

文章から漫画

ひとつのポーズだけでも
マンガは完成します

繰り返しは
宣伝でよく使われる手法

新聞でもウェブサイトでも
4コママンガになっていると
つい読んでしまうものです

マンガって不真面目な感じがしない？
いいえ、読んでもらうための工夫です

わかりにくかったり、読み手の興味を引かない内容こそ、
マンガで展開して読者の目を引きつけましょう。
商品販売や企業の広告としても有効な方法です

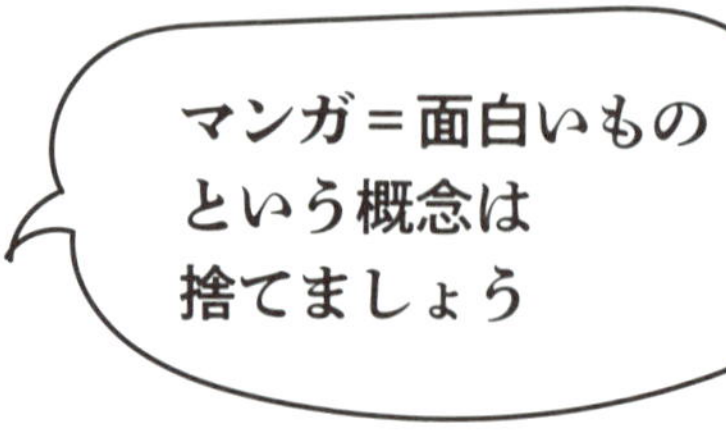
マンガ＝面白いものという概念は捨てましょう

起承転結にこだわらず起承承結や
起承承承でもよく、いわゆる
オチはなくてもよいのです

## 商品の宣伝でよく見かけるパターン

棒人間マンガが描ければ、製作や制作会社、漫画家などに発注する際に相互確認がとりやすく、間違いを防げます

## フキダシの形も言葉の意味を持っています。
## 使いこなしてさらにわかりやすくしよう

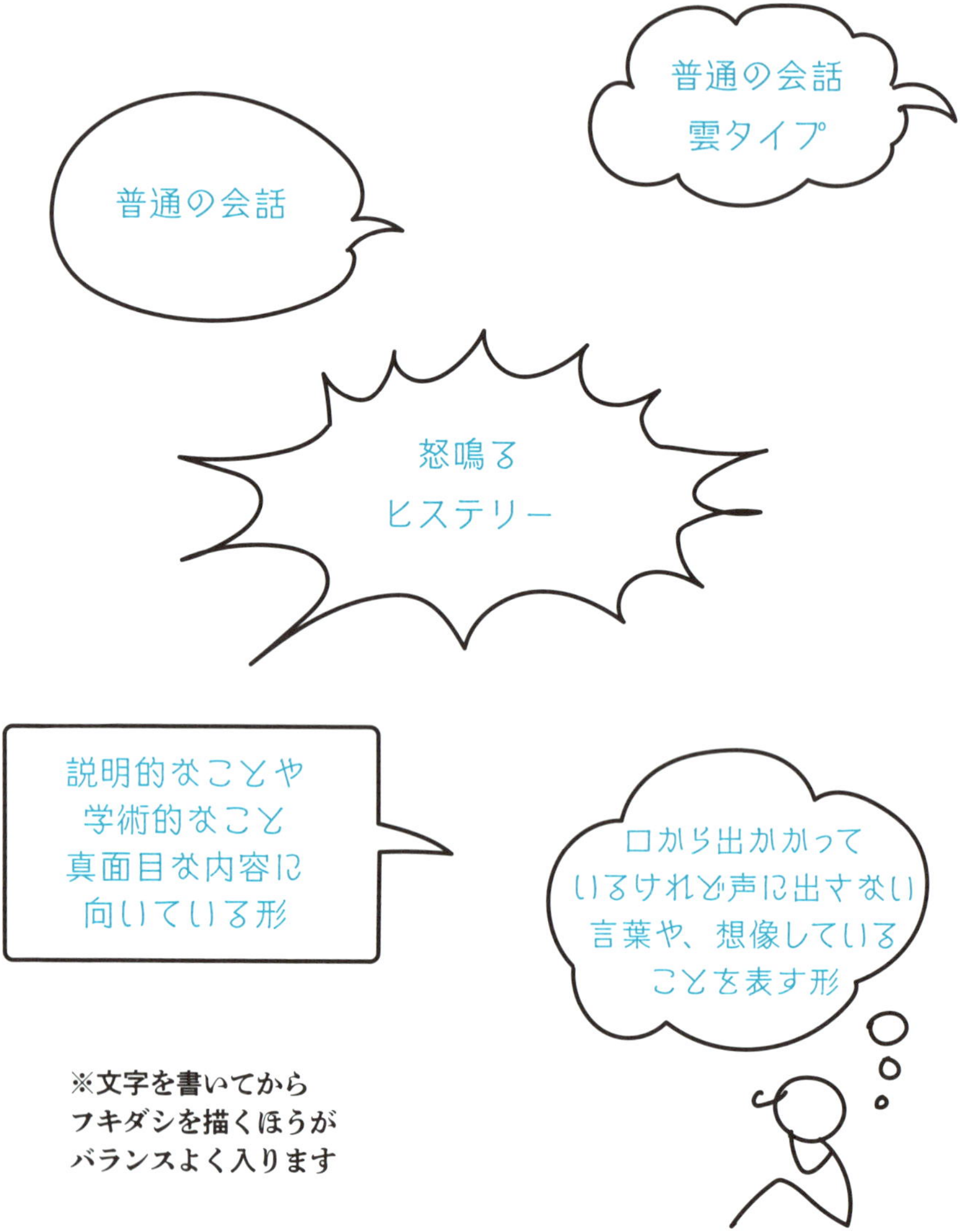


**※文字を書いてから**
**フキダシを描くほうが**
**バランスよく入ります**

# 漫画

文章から漫画

## 注意書きは1コマで！

まずアイキャッチ！

↓

↓

↓

ややこしい文章へと誘導する

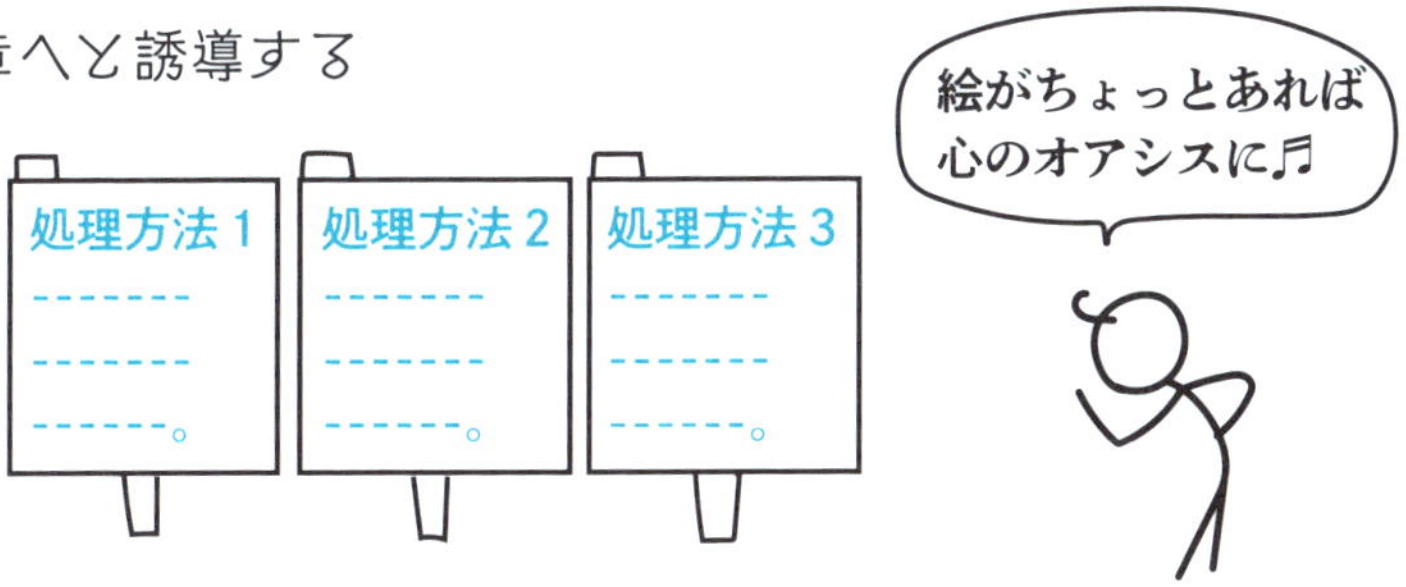


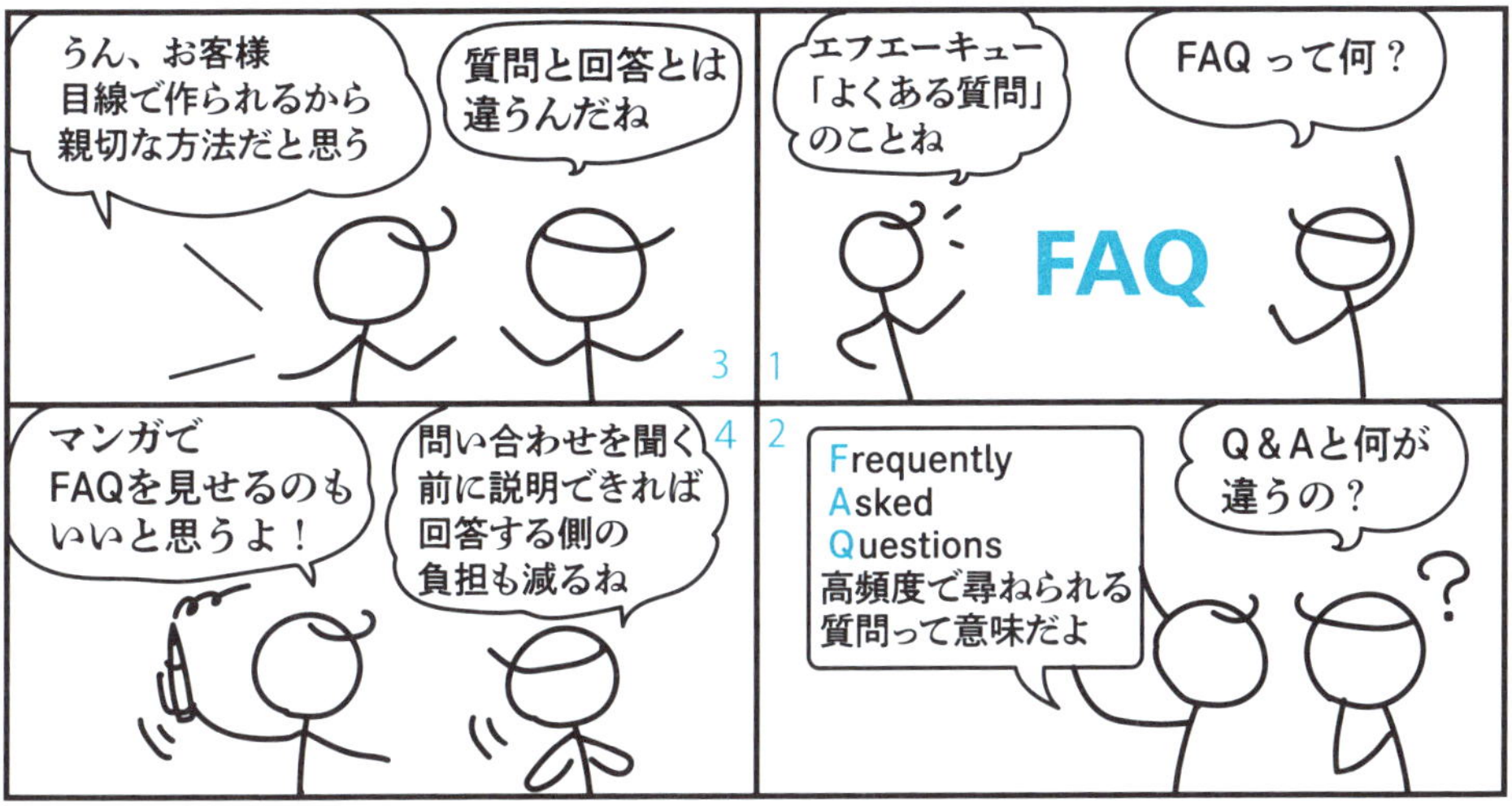

# 10章

# 展開

日常に生かす
仕事に使う
慣用句で遊ぶ

# 進行形のプレゼント

花を贈りたい

描くものは紙ナプキンでもコースターでもかまいません。
目の前で何かを描くのは緊張しますが、出来上がる過程を
見せてあげると相手からの素直な反応が返ってきて
楽しい時間の共有になります

「自分のためだけに描いてくれた」

# カフェやレストランで

紙ナプキンに
ボールペンで
メッセージを残そう

イラスト面を上に
ソーサーの下に
忍ばせる

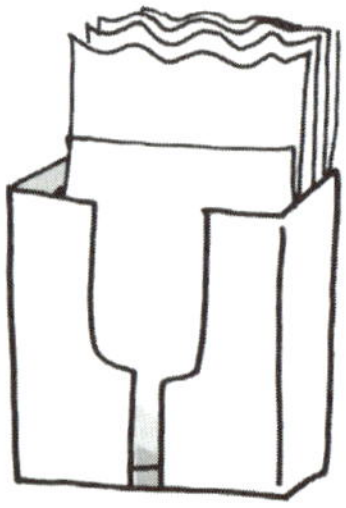

海外ならチップのお札と
ともに感謝を残すのも◎

展開

日常に生かす

素敵な思い出につながることも!

お店の人やサービスをしてくれた人に
気づかれないようにそっと置いていこう

台湾のカフェで実際に描いたメッセージ。
自分の記念用に撮ったあとテーブルに。

支払いを済ませたあと、店のスタッフが
追いかけてきてポストカードをお礼に
くれたのは嬉しい思い出

# 退屈している子どもを救おう

上手くなくても
子どもの気持ちを
くもうとするだけで大丈夫

保護者に喜んで
もらえる！
自分の退屈しのぎにも◎

## 展開

日常に生かす

描いていると、ほとんどの子どもが
アニメのキャラクターをリクエストしてきます。
描いた紙を利用した遊びに誘ったり…

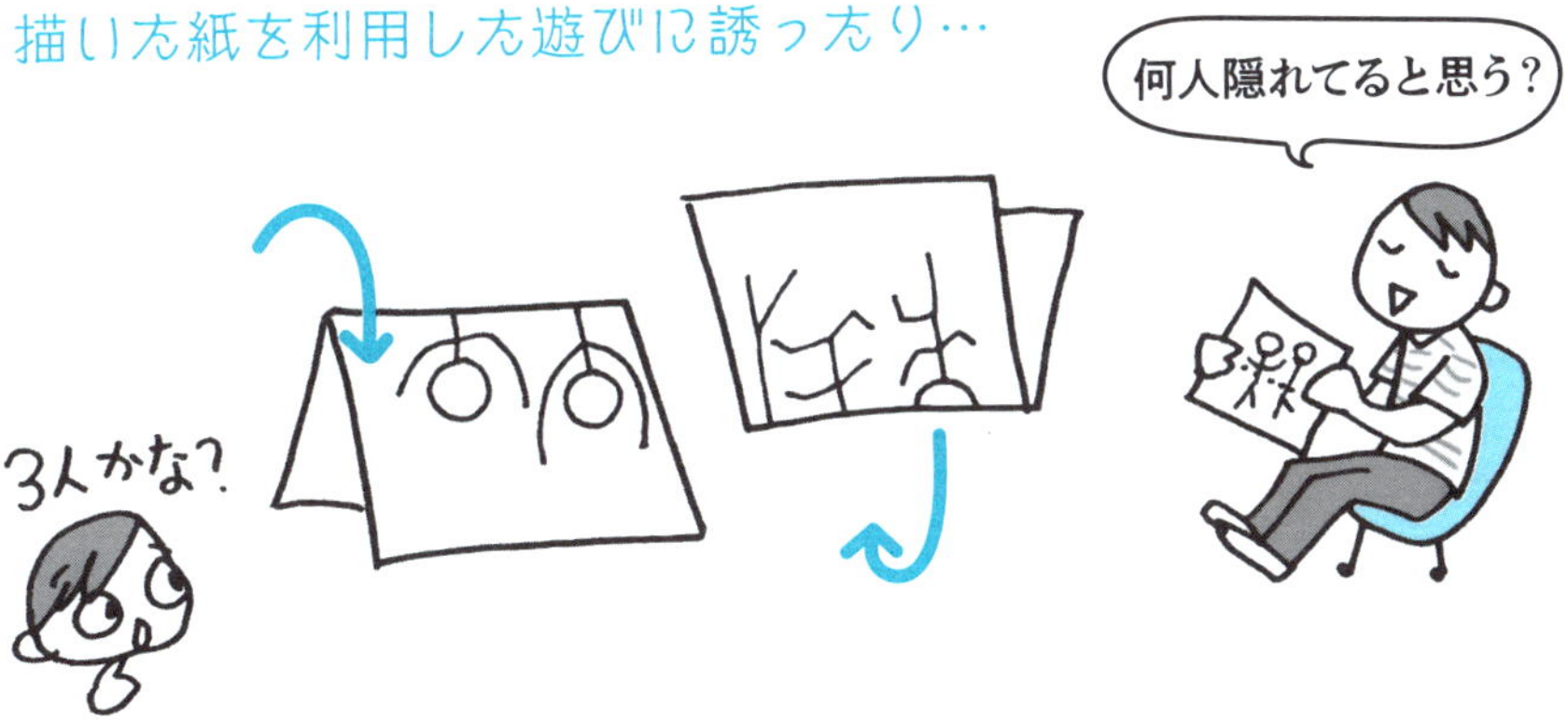


携帯で画像検索して、リクエストに挑戦してみるのも面白い。
似てなくても、子どもは努力を認めそこそこ満足してくれます

# 海外からのお客様に棒人間で伝えよう！

Do not wash your body inside the bath tab.

湯舟《ゆぶね》の中《なか》で体《からだ》を洗《あら》わないでください

展開

## 棒人間は性別も肌の色も共通です

日常に生かす

**Do not wash your body inside the bath tab.**

**Wash yourself before getting in the bath tab.**

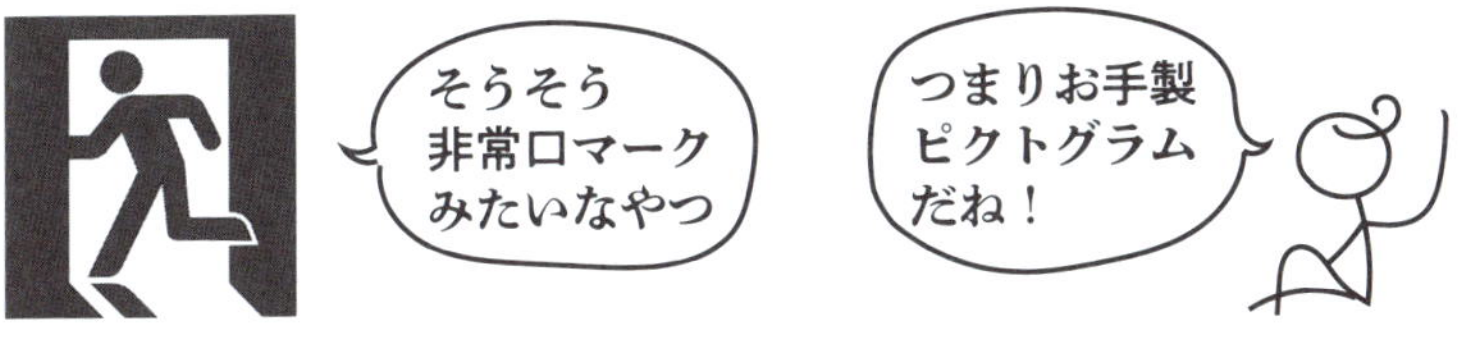
そうそう
非常口マーク
みたいなやつ
つまりお手製
ピクトグラム
だね！

# 手書きメモは人間関係の清涼剤

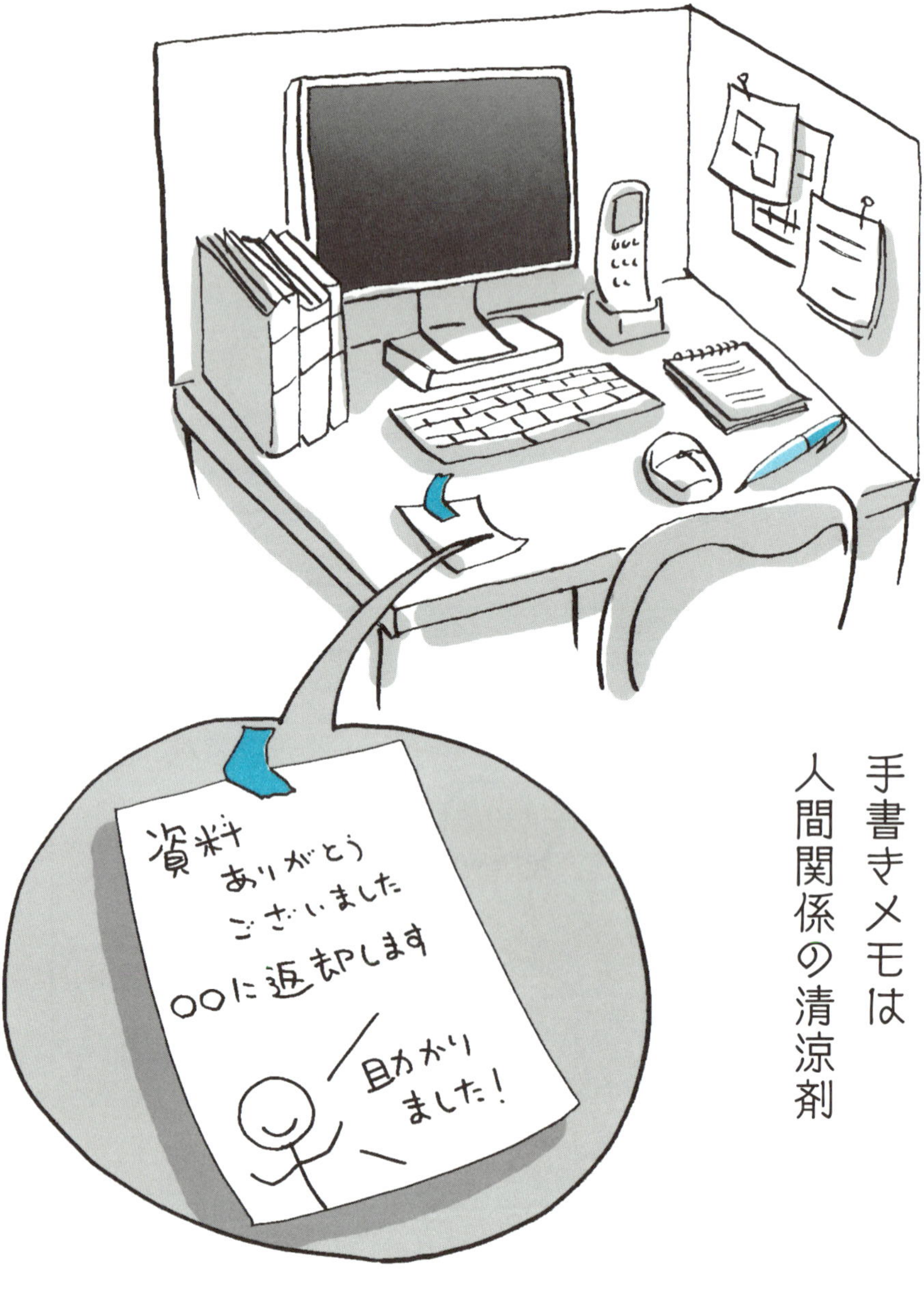

# ビジネスと棒人間

## 堅くなりすぎないないほどよい距離間が◎

同じ職場なのに同僚の慇懃《いんぎん》無《ぶ》礼《れい》さを
寂しく感じている人がいるかもしれません。
状況に応じて棒人間で挨拶や感謝の心を添えましょう。
相手の無意識に温かく届きます

## クッション材としての棒人間

お小言っぽい指令もソフトに

展開

仕事に使う

イラスト入りの小さなメモが心をつなぐ

体の一部を使った慣用句で

# 棒人間と遊ぼう！

首を長くして

待ってます

へそで茶をわかす

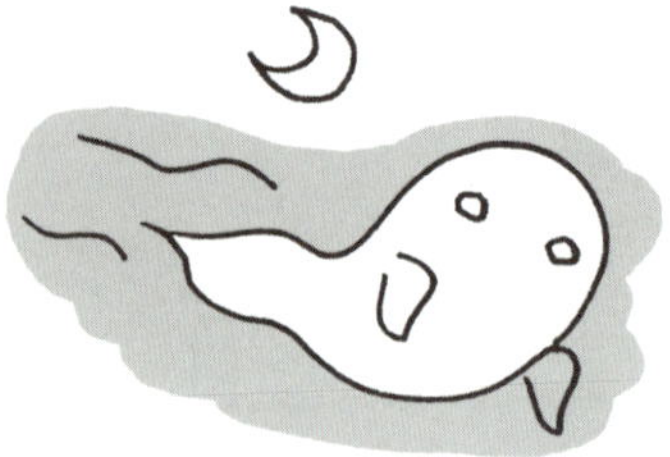

腰が抜ける

尻に火がつく

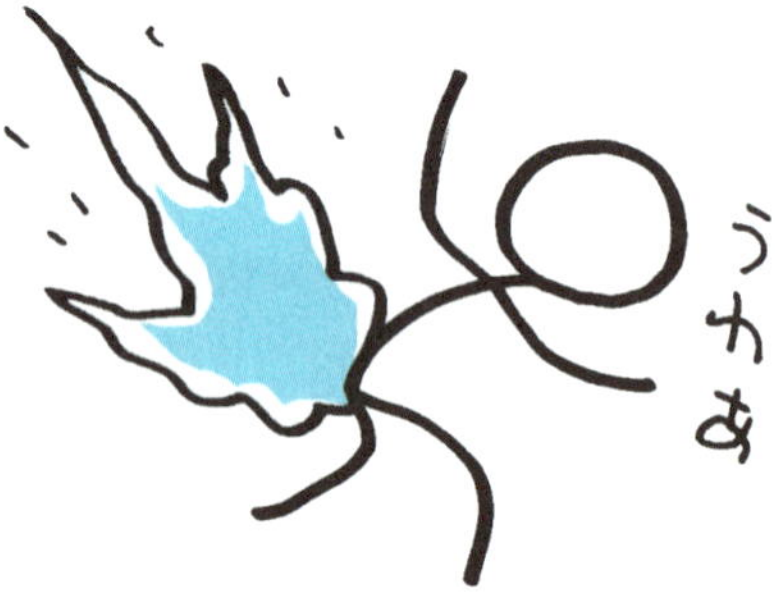


どの面さげて

# 足をのばす

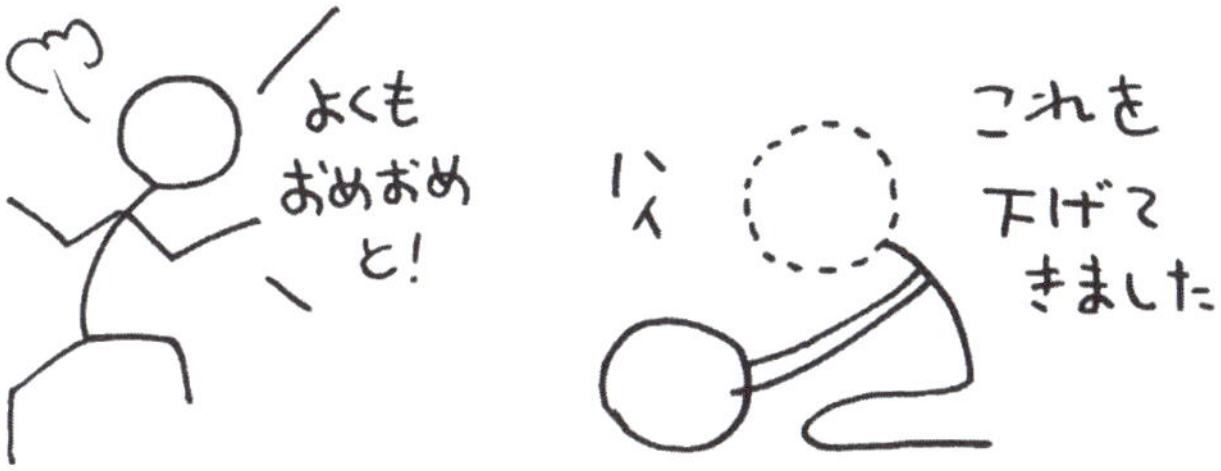

## 暖簾《のれん》に腕おし

## 首をつっこむ

## 頭隠して尻隠さず

このイラストの慣用句は？

解答は次のページ

## 顔が売れる

## 顔が広い

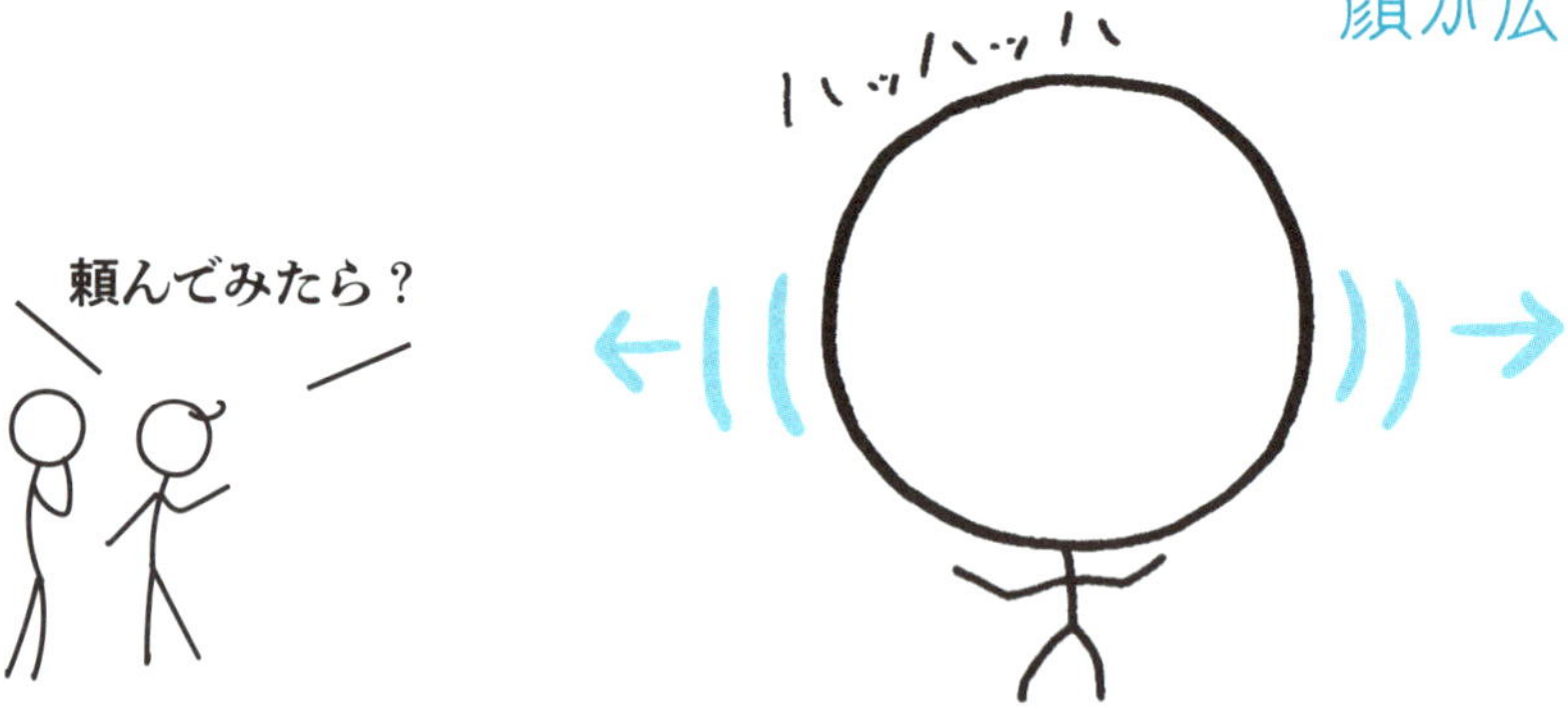


## 顔が潰れる

前ページの解答「足が地につかない」

## 展開

慣用句で遊ぶ

手抜き（工事）

頭が切れる

足が棒に
なりました

胸を張る

# 図典

# 素材

棒人間の絵日記を
つけてみましょう
ポーズに悩むときは
この図典を参考に！

# オノマトペによる棒人間1

# 素材

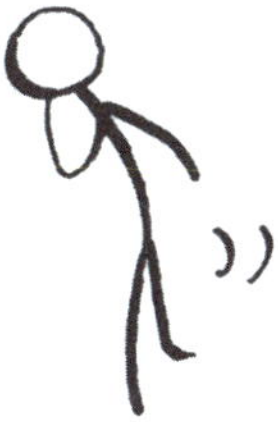

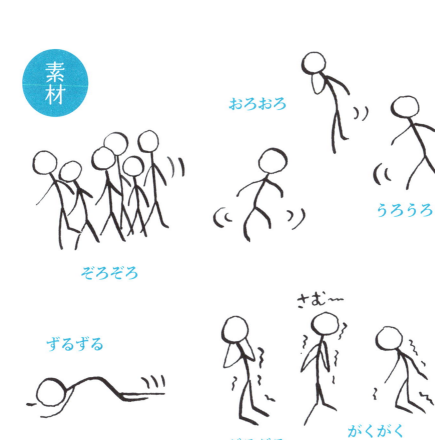

おろおろ

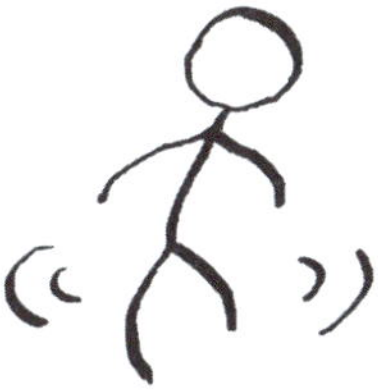

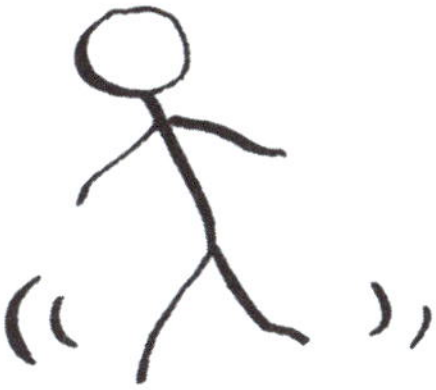

うろうろ

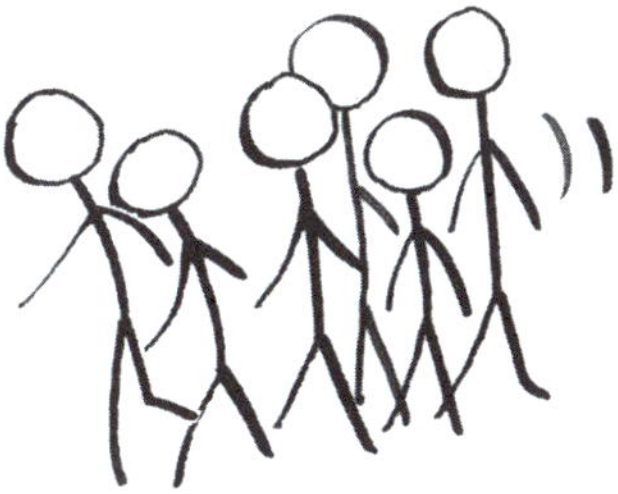

ぞろぞろ

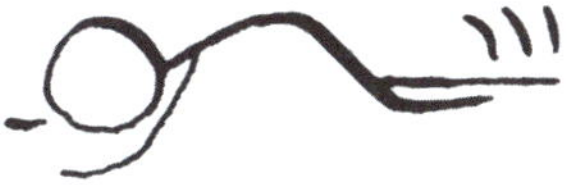

ずるずる

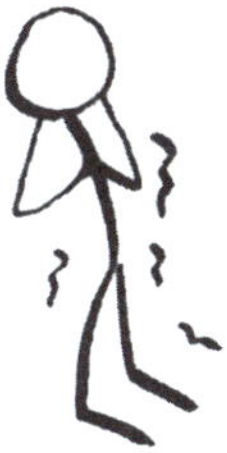

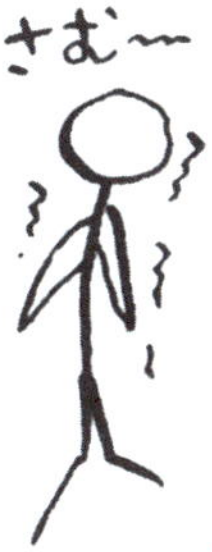


ぶるぶる

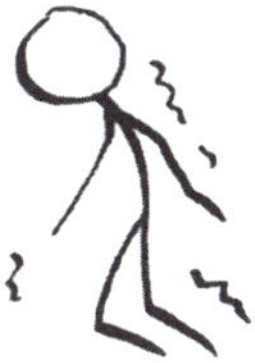

がくがく

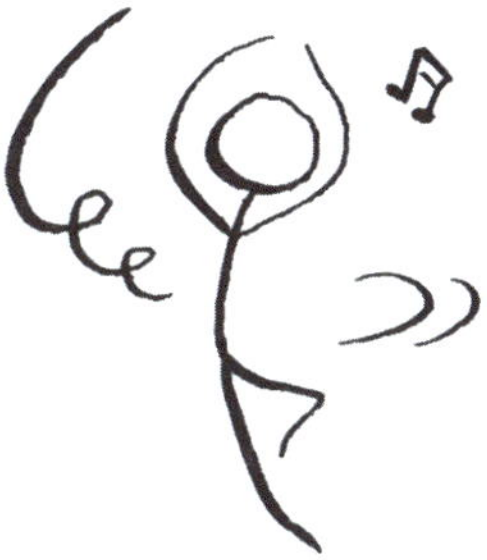

くるくる

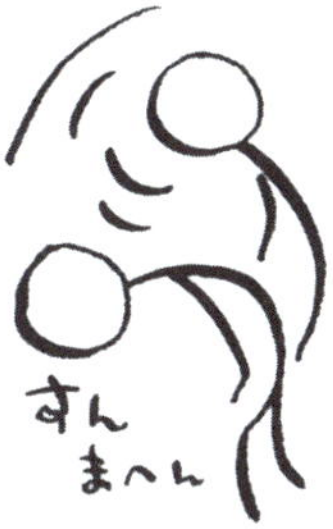


ペコペコ

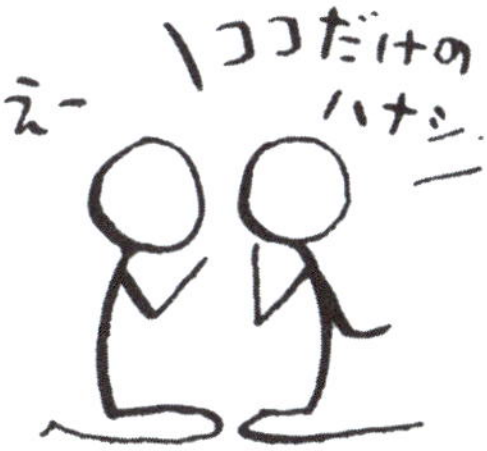


ひそひそ

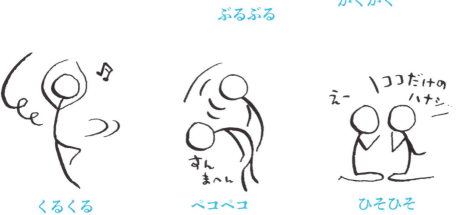

# オノマトペによる棒人間2

ばったり

めそめそ

しくしく

おいおい

こっそり

くねくね

ぼうっと

ばったり

ずきずき

ガンガン

## 素材

［参考文献］ 日本語を楽しもう　国立国語研究所

# 声を表現する

いいね!

せいっ!

はっ!

キャ〜!

キャー!

ぎゃー!

ヘッ

チッ

ばんざーい!

エイエイオー

# 素材

わあっ！

は～

ふう

うっ！

うぅっ

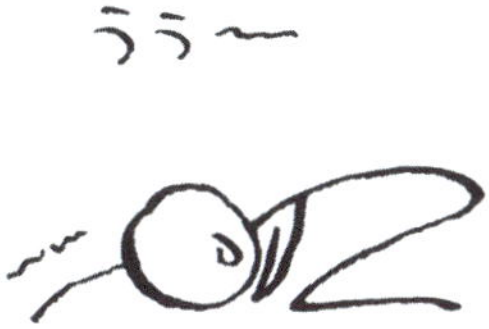


う～

うーんうーん

うん

うーん

# 形容詞や動詞など

照れる

まんざらでもない

美しい

失望する

孤独

絶望する

あきれる

有頂天

はしたない

# 素材

渇望する　苦しむ

興奮する

崇拝する

しり込みする

動揺する

疑問

軟弱

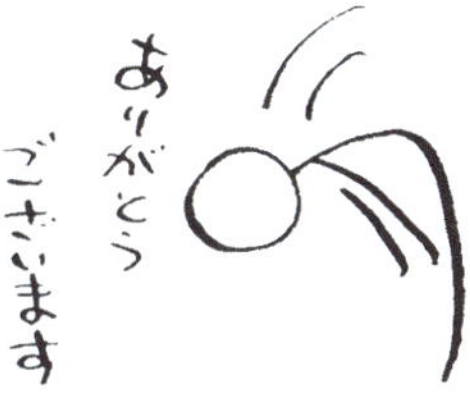


感謝する

ひがみ　妬み

皮肉

# 対義語

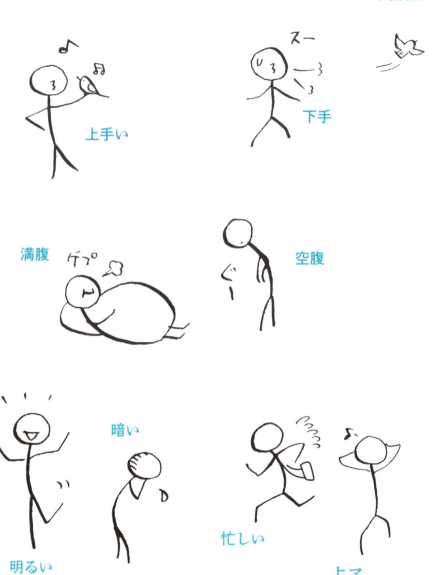

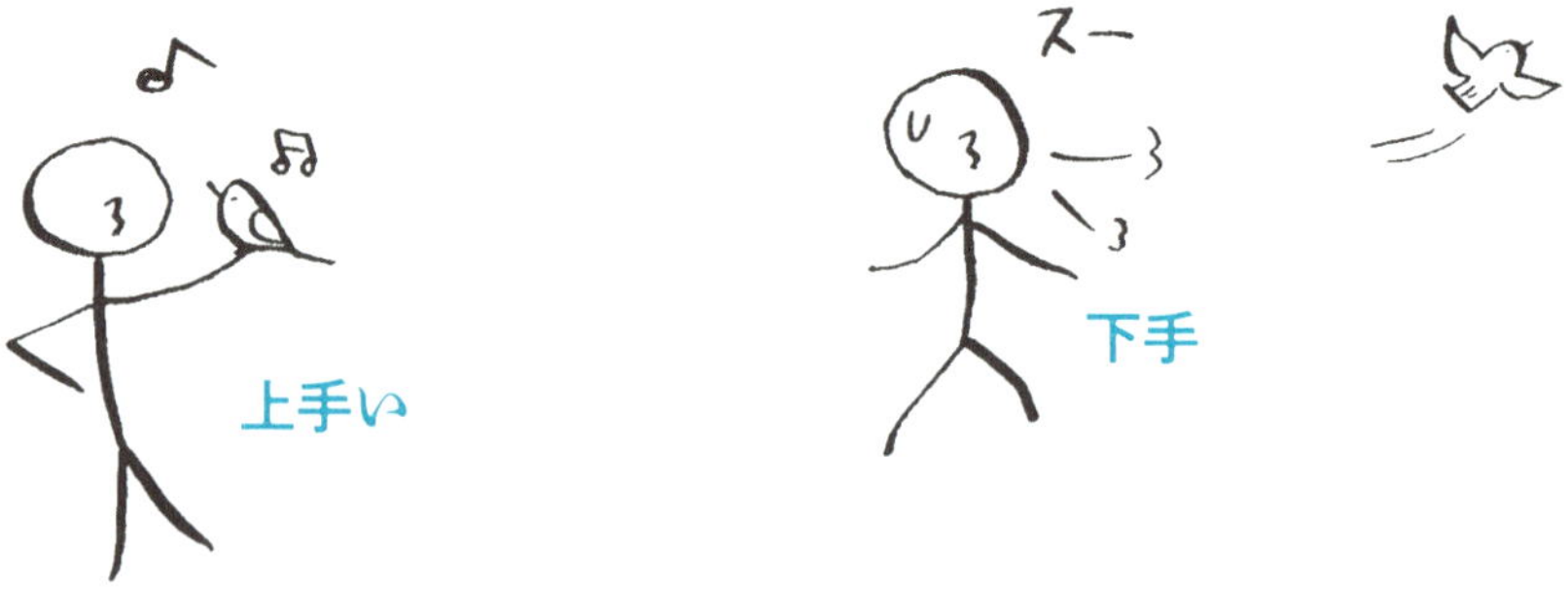


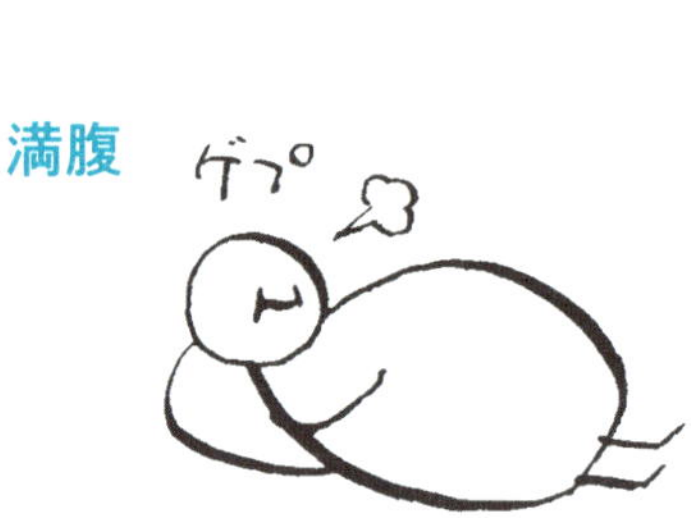


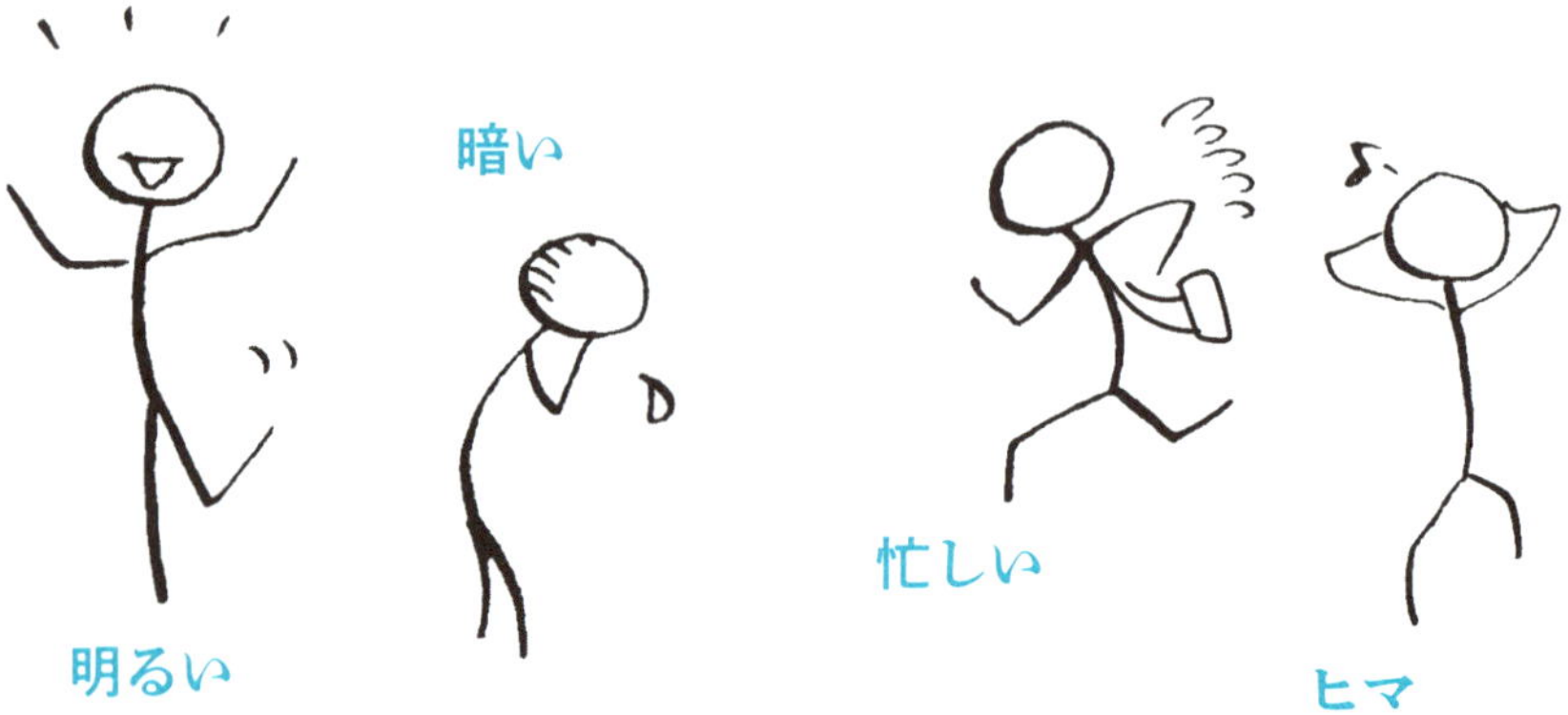

# 素材

## ビジネス

通勤

名刺交換

PC 作業

Web 会議

イベント開催

農業

建設業

漁業

## 生活

ペットと暮らす

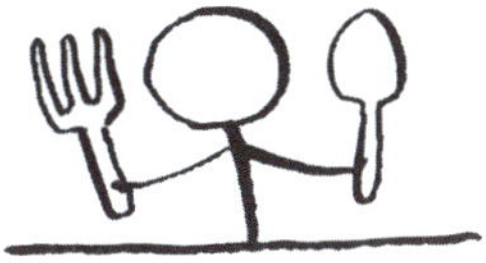

食事をする

カフェタイム

酒を飲む

ショッピング

掃除をする

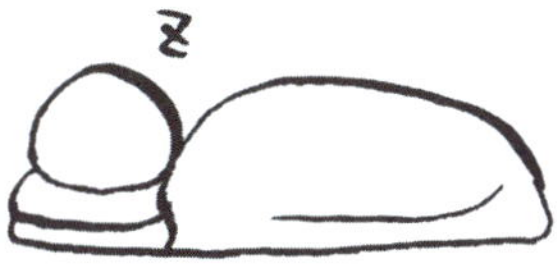

就寝

読書

入浴

1月

2月

3月

4月

5月

6月

素材

8月

7月

10月

9月

12月

11月

# 文化・イベント

ガーデニング

クッキング

語学学習

誕生日

バレンタインデー

ハロウィン

クリスマス

七五三

卒業式

成人式

素材

# スポーツ

スキー

スノーボード

野球

登山

サッカー

水泳

ダンス

サイクリング

ヨガ

## コラム「見れば描ける」

「見れば描ける」という人がいます。グッズやアニメのキャラクターもそこそこ描けたり。

では何の資料もあてにせずにヨガをするなどの具体的なシチュエーションの棒人間を、描かねばならないとしたらどうでしょうか。一人で空中を飛ぶような恐ろしい感覚に捉われるかもしれません。

別の言いかたをすれば、英文を声に出して読みあげることができても、実際に会話を英語でつなげようとするのは不得手と思う人が多く、資料なく描くとはまさにこの状態です。

とはいえ「あなたは何歳ですか」を How old are you? とほとんどの人がさらっと言えるのは、リピート練習したからです。

棒人間を思いのままに操りたいなら、漫然と描き写すのではなく、仕組みや動き方やバランスなどを考え、理解しながら描く練習をしましょう。そうすれば、何も見ずに描けるようになっていきます。

さらに繰り返し練習することでスピードアップするので、ビジネスミーティングや外国人との会話に便利に使える身についた道具へと変わります。

「絵が描けていいな」と言われる側になりましょう！

# チャレンジテスト

描こうとしているストーリーの内容は同じですが
難易度★★★から★まで、３つのパターンがあります。

どうやって描けばいいのか迷ったら、
難易度を下げたパターンでチャレンジしてください。
ストーリーを場面に分解して考える練習になります。

★★のパターンで描いて第三者に見せて
ストーリーが正しく伝わったら、合格！

※イラストは何カット使ってもＯＫです

難易度★★★

「私は湯舟につかっています。洗髪もしました。
入浴後飲んだ水はおいしくて満足です」

※上の内容は必ず表現してください。あとは状況を自由にアレンジや追加したりして描いてみましょう。例えばコンディショナーを使ったり、子供と一緒に入るような

難易度★★

「私（棒人間）はバスタブにつかっています。
風呂椅子に腰かけました。
シャンプーボトルを手に取り頭の上から垂らしました。
両手で頭を泡立てました。
洗面器を持ち上げ頭の上からお湯をかけました。
体をバスタオルでふきました。
コップを持ち水を飲みました。
体はホカホカです」

※難易度★★★の文章を分解して、箇条書きにしています。漫符を慎重に選びましょう。丸を重ねれば泡に。道具はすべて丸と四角の組み合わせでできています

難易度★

次のカットの中からいくつか組み合わせて、入浴してから出るまでを時系列で描きましょう

解答例

※上はあくまでひとつの解答例です。参考にしていただいて構いませんが、自分なりの組み合わせで描きましょう。形と形を結びつけて絵にする問題です。

※実際に入浴する時にあたりを見回して、目に入るものを直線、丸、四角、曲線、流れるお湯、波紋、湯気と片っ端から情報を読み言語化していきます。この方法を身につけると、瞬間記憶能力も上がっていきます。再度、何も見ずに描いてみてください。格段にわかりやすく描けるようになっていると思います。おそらく自分が普段見ていたことは「眺めていた」だけだと気づくことでしょう。

# おわりに

「ごめんなさい絵がヘタで」
このように呟いた経験のある方は少なくないようです。
新しい企画であれば、図解したほうがわかりやすいことがよくあります。
描かなければならないシーンに遭遇することもあるでしょう。
意図が伝わらないほど酷いわけではないのに謝ってしまう。
少しも悪くないのに気の毒でなりません。

大人になった今でも描くことに自信がないなら
感性ではなく方法を知って形にしましょう。
ビジネスの場面なら親切でわかりやすいことが最も大事です。
巧いかどうかにこだわらないでください。

同じポーズの棒人間でも何回も描いていると
うまくなった！と感じる閃《ひらめ》きのような瞬間が度々やってきます。
それは新しい力を得た喜びであり誰も奪えず失うこともありません。
ひとつの形が描けたなら、今度はそれを使って誰かにメッセージとして伝えましょう。
あなたが描いた絵で面白がってくれる人がいたら
それはギフトに変わっています。
あなたの棒人間が笑顔のきっかけとなりますように。

## 著者プロフィール

# MICANO＊タカマヒロミ

武蔵野美術短期大学油画卒業
ファッションイラスト専門会社、学研幼児局編集部契約社員、リクルートFromAにてイラストレーターとしての経験を経て、その後フリーランスに。

広告、カレンダー、化粧品メーカー、劇場、出版社など取引会社は100社以上。
書籍のための挿絵は数万点を超えて描き続けている。

2010年作家活動もスタート
2013年～東京都水の科学館HPにて漫画2本を連載開始
2015年より棒人間の描き方教室を各地で開催

https://www.micano.biz/

## Special Thanks to:

企画・プロデュース・編集協力　西田貴史（manic）